ノートのとり方1つで子どもの学力はどんどん伸びる！

元「浜学園」算数講師
受験Lab代表
州崎真弘

青春出版社

プロローグ

勉強しても結果が出ないのは、「ノートのとり方・使い方」が原因だった！

この本は、タイトルを見ればわかる通り、「ノートの取り方」の本です。

……と思って本書を手に取ったお母さん、お父さん。ごめんなさい、実は違います。だましているわけではありません。この本は、「ノートの取り方」に見せかけた、子どもに本当の学力が身につくノウハウが詰まった本なのです。

世に「子どものノートの取り方」の本はいくつか出ています。でも、子どものノートの取り方をお母さん、お父さんが知ってどうすんねん」と自分でツッコミを入れたわけです。「授業でノート取るのは子どもやん!? 親が読んで、それを子どもに教えてあげるんかぁ？ めんどくせ〜！」という話です。

しかし、です。私の長年の経験から、これだけは言えます。

ノートの取り方や使い方は、勉強の仕方そのもの。

「ノートの取り方や使い方」を変えると、授業の聞き方や勉強方法が変わるのです。

子どもに勉強法を教えるより、ノートの取り方を変えるほうが簡単。ノートの取り方や使い方をちょっと変えるだけで、勉強が苦手な子どもほど、ぐんと伸びるんです。

学校では教えてくれない「学力に直結するノート」術

残念ながら、**学校では、学力に直結するようなノートの取り方は教えてくれません。**

学校で教えてくれるノートの取り方というのは、「単元名（見出し）や日付を必ず書きましょう」とか、「文字や行の位置をそろえて見やすくしましょう」「テキストのページや問題番号を記入しましょう」「定規で線を引きましょう」……といったことではないでしょうか。

残念ながら、これでは学力は上がりません。頑張って勉強しているのに成績が上がらないのは、ノートの取り方や使い方が悪いからといっても過言ではないのです。

私は灘中合格者数15年連続日本一を誇る「浜学園」をはじめとする中学受験指導の算数講師として23年以上、4000人近くの子どもたちを指導してきました。

つまり、約4000人分のノート(のべにすると、軽く2万冊を超えます!)を見てきたことになります。テストの答案添削なども含めると数え切れません。

今まで本当にたくさんのノートをチェックしてきました。自分で言うのもなんですが、浜学園にいる当時から、「州崎先生のノートチェックはすごい!」と言われてきました。ノートに青字でたくさん解法や応援コメント、そして誰も言わない・見つけられないところのダメ出しを数知れず書いてきました。

巻末付録のノートのコメントを見ていただいてもわかる通り、「二度と片っ端から角度を書くな」「誰が授業でこんなん言った?」「こんなものは筆算するな、暗算で!時間の無駄」「読めん! どこの星の暗号や!!」などなど。

夏休みのチェックだけで、青ペンが軽く1日で1本なくなったほどです。

ノートを見れば、その生徒に考える力や聞く力があるか、また、どんな授業の聞き方をしているのかが一目でわかります。

たとえば、授業で問題を解くとき、自分では解かずに先生が板書した答えを赤ペンで丸写ししているノート。

授業中、「書く」ことに集中しすぎて、「考える」「聞く」のがおろそかになっている様子が手に取るようにわかります。

「キミは授業で座っているだけかい?」

「赤ペンのインク減らしているだけかい?」

真面目《まじめ》にノートを取っている、いや、先生が授業中に書いた板書をきちんと取っているお子さんほど、損をしています。

どういうことなのか、お話ししていきましょう。

授業中のノートのとり方で成績に差がでる!

「授業を受けるということは、黒板（ホワイトボード）に書かれていることを写すもの」だと、授業を受ける生徒のほぼ100％が思っています。

したがって、そんな生徒のノートは、まちがいなく「黒板の丸写しノート」です。板書を丸写ししているだけなのに、本人は「勉強しています感」満載です。

実は私は今、中学受験生だけではなく、大学生や社会人にも教えていますが、大人の彼らでさえも小学生とほぼ同じなのです。

ずーっと下を向いて必死に書いている。きっと、小学生のときからそうだったのでしょう。小さい頃に板書を100％写すクセがついてしまうと、残念ながら、なかなかそのクセは抜けません。

逆に言えば、**小学生のうちにノートの取り方を学んでおけば一生モノです。**

その大学生たちが授業のあと、「どう勉強したらいいのか、やり方がわかりません」と私に相談してくることがあります。

「だってキミ、授業中ひたすら下向いて写してるやん」と私は答えます。

授業（説明）を見ていない、聞いていない。つまり、その授業内容を頭でほとんど考えていないわけです。

私の授業では、たとえば50人いたら50人、少なくとも1回の授業（約60分）で10回以上、全員と目が合うようにしています。

でも、なかにはほとんど目が合わない生徒もいます。それは私が背を向けて黒板に書いているときだけ顔を上げているからです。それでは、いくら私でも、顔を上げてくれなければ目は合いません（笑）。

ですから、私はどうしてもコレは聞いてほしいというときは、わざわざ、

「ちょっと全員、手を止めて！」

と言うようにしています。

いったん手を止めさせないと、ほとんどの生徒は**書くことに没頭して頭や耳がお留守になり、話に集中できない**からです。

授業中、ずっと集中力を持続させるのは無理な話ですから、大多数の生徒は、恐ろしいほど大事なエッセンスを聞き流して、ただ座っているだけのことも多くなります。

どんなに重要なことを話しても、声は音、ただの空気の振動です。すぐ消えてなくなってしまいます。

ちなみに、真面目で要領の悪い生徒ほど、授業中に黙々とノートに細かいことまですべて書きとめようとします。**書き写すのに必死で話を聞いていないので、書いた内容の重要度がわかりません。**

それに対し、**できる生徒は、ピンポイントで重要なところだけを集中して聞きます。**私が生徒のペンを止めさせるのは、その重要度の高い部分。よく考えながら聞いてほしいので、その説明をしている時間はあえて板書を取らせないわけです。**あとでノートを見返して考えるより、そのタイミングで考えるほうが断然、理解度が違う**からなのです。

もう一つ、「ここは重要だよ」「ここだけ押さえておいてね」という場面で、私が連呼する言葉があります。

それは、「自分の言葉でノートに書いておけ」です。

理由は後述しますが、できる生徒のノートは、例外なく板書の丸写しをしていません。板書に書いてあることをただ写すだけでいいなら、科目によっては教科書や参考書を見れば十分です。そのほうがよほどまとまっていてよくわかるでしょう。もっと言えば、きっちり写されたノートさえあればいいのなら、ばっちり書いている秀才の友だちにノートを借りて授業には出なくてもいいのです。

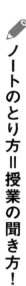

ノートのとり方＝授業の聞き方！

以前、あるバラエティー番組で、インテリお笑い芸人さんと、もう一人の芸人さんに同じ授業を受けてもらい、授業の最後に確認テストをやるという比較実験をしていました。

結果は、インテリ芸人さんがほぼ満点、もう一人の芸人さんは0点。もちろん、もともとの学力も違うのだと思いますが、注目すべきは授業の受け方とノートに書かれた内容でした。

インテリ芸人さんは基本的に先生のほうをずっと見ていて、「うん、うん」とうなずいている。そしてときどきスラスラッとノートに何かメモしています。もう一人の芸人さんは、先生の言葉を一言一句書きもらすまいと、必死にノートに書いていたのです。

テストの結果は明らかですよね。私が冒頭で「ノートの取り方は授業の聞き方だ」とお話ししたのは、こういうことなのです。

本文で詳しく説明しますが、インテリ芸人さんが途中でメモしていたのは、おそらく、「これは重要だ」と自分で判断した「キーワード」のようなものです。あとから自分で見返して、自分だけがわかるような書き方をされていたのです。

「ノート」こそ学力を決める最強アイテム！

ここで、授業ノートの目的について、改めて考えてみましょう。

授業ノートの目的は、授業から情報を仕入れ（＝インプット）、それを自分があとで使えるものとしてメモすること。

つまり、先生の説明から、**自分にはなかった知識を拾い上げ、強弱をつけた自分の言葉で書きとめておくことです。**

教科や単元にもよりますが、基本的にノートはテキスト（教科書）よりも大切なものだと私は思っています。

自分が書きとめた授業ノートは、テキストよりも大切なこの世にたった一つのものです。テキストはなくしてもあとで買えますが、〝自分の言葉〟でメモった授業ノートは唯一無二のもの。

少々大げさな言い方かもしれませんが、みんなノートをテキストより格下に見すぎています。

ノートこそ学力を決める最重要アイテムのはずなのです。

本書では、こうした授業ノートの取り方だけでなく、演習ノート（宿題ノート、復習ノート）についても、学力を伸ばすコツやノウハウをあますことなく解説しました。

ノートが変わる
↓勉強のやり方が変わる
↓学習の理解度・定着率が上がる
↓少ない勉強量で結果を出せる！

さあ、それでは、今まで誰も教えてくれなかった、魔法のノートメソッドをご紹介しましょう！

州崎真弘

目次

第2章

学力が伸びるノート、伸びないノートの違い

「キレイなノート」より「活用できるノート」

第3章 勉強の効率に差がつく！すごいノート・テクニック

たった2行のメモでわかる受験算数の裏ワザ

第4章

子どものノート力を上げる親の関わり方

やってはいけないこと、言ってはいけないこと

本文図版デザイン・DTP　岡崎理恵
編集協力　樋口由夏

第1章

なぜ、ノートのとり方を変えると成績が上がるのか

「聞く力」と「考える力」が劇的に伸びる新常識！

1

きれいにノートをまとめて「勉強したつもり」になっていませんか

「成績を上げたかったら、まずはノートの取り方を変えなさい」

これは、23年以上にわたって、4000人近くのノートを見てきた私が確信を持って言えることです。

そう言うと、勘違いして一生懸命ノートに写し、「ノート作り職人」と化してしまう生徒が必ず現れます。

とくに女の子に多いのですが、美しく、きれいなノート作りに力を注いでしまうのです。

「いくらノート映《ば》えらせても、成績は〝いいね!〟にならんから!」

「誰が見ても美しくきれいだとわかるノートは作らんでいい。それ、メルカリで誰かに売るんか？」

そんな冗談を言いたくなるぐらい、授業中にノートを取るだけで勉強した気になって満足している生徒が多いのです。

他の生徒から「ノート、コピーさせて」と頼まれてしまういわゆる〝売れる〟ノートは、キミ（自分自身）にとっては意味がない。

小学生の場合なら、極論ですが、親ですらわからないノートでもいい、ということです。

プロローグでもお話ししたように、まずは〝自分が〟わかるノートであることが大切だからです。

親が見ると、「これって、どういう意味？」と聞きたくなるようなノートでいいのです。もう少し補足すると、親は意味がわからないけど、子ども自身がノートに書いてあるすべての言葉、数字、図の意味が説明できるくらいわかっていればそれでいいのです。

「これって、どういう意味？」と子どもに聞いてみて、「これはね……」とちゃんと説明できればOKなんです。

「黒板に書いていないこと」を書け

黒板に書いてあることを丸写しするだけなら、時間をかければ誰でもできます。まあ、特別に書く速度が遅い子なら別ですが、ほとんどの子なら大丈夫でしょう。

授業中、「先生、黒板の字が見えへん」「(だから)どいてください」という言葉を浴びることがあります。板書を写したくてウズウズしているんですね。

そんな生徒には、「いくら俺が男前やからって、見すぎやで(笑)」と冗談を言いながら、「すぐに消さんから、よく聞いて!」と大事なところでペンを置いて集中させます。

その後、すぐに黒板消しに手を当て、「そろそろ消していい?」と言うやいなや消しはじめます(もちろん、本当に大事なところは消しませんが)。

「大事なのはソコじゃないだろ?」という、少々乱暴かもしれないですが、手より目や耳、そして頭を働かせてほしいという私のメッセージでもあるのです。

よく生徒に勘違いが多いのが、黒板に書いてあることだけを書き写せばいいと思っていること。

その結果、あとでそのノートを見返したときに頭を抱えます。

「これ、なんやったっけ？」と。

授業中書き写すその合間に飛び飛びに説明を聞いているだけで、**「ふん、ふん」とわかったつもりになっているのですが、いざ、あとでノートを見てみると、なんのことだったか思い出せないわけです**。

「この60って数字、どういう意味？（どこから出てきた数字なんだろう）」「この補助線、どのタイミングで引くんだったっけ……」となってしまうのです。

なぜ、そうなってしまうのか。

とくに算数の授業では、**黒板に書かれたことよりも、その「手順」が大切です**。

たとえば解法一つとっても、黒板に書かれた図や表そのもの「結果」よりも、その図や表がどのようにして出来上がっていくかという「過程」のほうが重要なのです。

ところが、算数が苦手な生徒ほど、授業中の解説とはまったく違う手順で表を写したり、図形問題の解説後の完成図だけを写してしまったり……。

常日頃から、私は生徒たちに言っているのですが、

「板書は、『結果（完成形）』ではなく『過程（手順）』が大事」

ということです。

結果だけ書けばいいのなら、テキストに解答は書いてあります。

なぜそういう解答になるのか、その過程を頭に染《し》みこませるように書く。

全部書く必要はありませんが、自分があとでわかるように、ポイントをメモる。

授業中の説明も、一言一句メモる必要はありません。しかし、**「わかりにくいぞ、これは」と思ったところは印（マーク）だけでも打っておくのです。**

成績が伸びる生徒は、これらを習慣にしています。

成績が伸び悩む生徒の中には、「結局、最後の答え、いくら？」とか「面積は何㎠？ですか」と、テキストに書いてあるような形式的な答えだけを書くという習慣になっ

ている子もいます。

解説も、今のテキストはほとんど書いてあります。それでも解き方がわからない生徒がたくさんいるのは、どのような手順で解いていったのか、その過程を大切にしていないからなのです。

その考え方を早く直せば、ノートの価値が格段に上がるのです。

つまり、**授業中のノートの取り方の習慣を今日から変えれば、成績アップにつながるのです。**

学力が伸びるノートの習慣 1

板書(結果)より手順(過程)をメモる!

2

授業中は「ノートを書く」より「聞く」「考える」が大事

「ノートは書くな！」

ちょっと大げさな言い方ですが、授業中本当にムダなことを時間をかけて写している生徒には、こんなアドバイスをしたくなります。

「ノートはもれなく書くのではなく、もれがあってもいい、欲張らない、必要なポイントだけをまずメモる。そして、何よりも聞いて考えることに集中してほしい」

ということを、しつこいくらいにお伝えしたいのです。

少々反則ですが、自分が必要なポイントさえ書いてあれば、「あとは友だちに見せてもらおう！」くらいのスタンスでもいいのです。

「書かない力」が伸びると、それに比例するように「聞く力」と「考える力」が伸び

ていきます。

これは本当です！　授業中に板書を書くことにエネルギーを使わない分、講義の一番核となる部分に頭を使うことができるので、その後の宿題や復習時間が激減します。そして、結果も出る。まさに好循環となり、どんどんできるようになるのです。

「ちゃんと話を聞きなさい」と言うより上手な言い方とは

ただし、お母さんやお父さんが、子どもに「書くことより聞くことが大事だよ」と諭しても、なかなか伝わらないかもしれません。

そこで、「先生の話をよく聞きなさい」と言うよりも、おすすめの声かけがあります。

「黒板に書いてないことを書いてくれば？」

これです。もしこの言い方で理解できない場合は、

「先生がしゃべっていることをカンタンにメモっておいで！」

でOKです。

もちろん、先生の話し言葉をすべて書くのは難しいので、可能な限りでいいでしょう。そんなこと言って、本当に板書してこなかったらどうするの？　と思われるかもしれませんが、心配しなくても、今まで写していたものをピタッと一文字も写してこないなんて、まずありえないです。なぜなら大多数の子は「板書を写したくて写したくてたまらない病」なんですから。「書くな!!」くらいで、ちょうどいいのです。

先生が話していて「これ、黒板に書いていないな」と思ったら、すぐにノートのどこにでも走り書きでもいいからメモってくる。

「ちゃんと話を聞きなさい」と言われるよりも、「書いていないことを書かなくちゃ」と思うと、子どもはおのずと耳を傾けて聞くようになります。

先生の話していることが板書内容にあるかないかは、集中して聞いていないとわかりません。

最初は10個のうち1個か2個しか拾えないかもしれません。

でも、あとでノートを見て、それができていることがわかったら、お母さん、お父さんはぜひ、「おっ、書いてるね」とほくそ笑んでください。

走り書きメモが徐々に増えて、欄外の余白がなくなるほど、上手にその子自身の手でノートが取れている証拠です。

要するに、ノートを見て「よく書けている」ではなく、「よく聞いている」ことがわかればOKなのです。

授業での理解度がアップするから、宿題や復習がラク！

ノートの取り方が変わると、授業の受け方が圧倒的によくなり、学習効率が格段にアップします。

もっと子どもの心に響くように言い換えると、

「ノートの取り方を変えると、家での勉強がラクになるよ！　絶対、点が上がるよ!!」

これ、子どもにとっては間違いなくおいしい話に聞こえませんか？　家でお母さん

や お父さんに「宿題やりなさい」とガミガミ言われて（言っていない方、すいません）、しんどいなぁと思いながらお子さんが勉強しなくて済むかもしれないんですよ。

なぜなら、ノートの取り方は授業の聞き方（受け方）そのものだからです。重要なので何度でも言います。

必要最小限のノートであれば、より多くの時間、目、耳、そして頭を使うことができるので当然、授業の理解が深くなります。

そして**学習の理解が深まれば、宿題や復習のムダが省けて時間の短縮ができるのです。**

言い換えると、自分で上手にノートが取れると、授業時間をも自分でコントロールできる。習いたてのホットな状況で頭を使うという最高の時間が作り出せるのです。

したがって、頭に残りやすくなる。さらに必要以上に勉強（復習）しなくてもいいのです。

ちなみに、ほとんどの生徒は授業時間を「勉強時間」とカウントしていません。授業を受けている時間と家庭学習や自習時間を分けて考えすぎているからです。

「えっ!? 授業も勉強している時間でしょ?」と親は思います。私もそうです。しかし、そうでない子は多いのです。

ある生徒の言葉を借りると、その理由は「なんでって、座って、ノート写して、たまに聞いて考えるから」と。

「座って、写して、たまにって……なんや、その三拍子!?」

つまり、じっくり考えて勉強というのは家での宿題の時間である、と子どもの中では、ほぼ相場が決まっているのです。

したがって、お子さんへの伝え方としては、

「ノートの取り方を変えると、ラクに点が上がるよ!」

でいいでしょう。

子どもだましが通用しない賢いお子さんなら、ストレートに前述の説明をしてあげてください。

しかし、強制的に「~しなさい」という言い方ではダメですよ。

どんなに真面目な子でも、子どもはやはりラクをしたい、手抜きをしたいと思うもの。だから、その子にとってメリットと感じられるように伝えてほしいです。

一度試してみて、手ごたえをつかんでくれたら、「これ、いいかも！」と思ってくれるに違いありません。

これは決して、子どもたちにラクや手抜きを覚えさせる類《たぐ》いのものではありません。これまで誰もふれてこなかった、**子どもが自発的に、そして効果的に学習できるように後押しする方法**の一つです。

たとえば、明らかにやる気のないノートを子どもが書いていた場合、どのように言って、子どもの「ノートの取り方」の意識を変えていけばいいと思いますか？

ちなみに私の場合はこうです。そのような生徒はたいてい簡単な復習テストや確認テストですらできない生徒が多いので、

州崎「なんでできへんのやと思う？」

生徒「勉強してなかったから……」（だいたい子どもはなんかしら、その場限りの

言い訳をします）

州崎「いや、違うと思うな。ちょっとノートを持っておいで」

見るとほとんどのノートは答えだけ、字はフニャフニャ、筆圧は弱い、そして、ただ目に映った文字だけを乱雑に書きなぐっているものばかりです。

州崎「ほら、この回（テストでできなかったときの授業部分）、こんなノートやってん。だから頭に入っていないんや。おそらくな」

もしかすると、本当の理由はほかにあるのかもしれません。しかし、

「ちゃんと授業が聞けていなかった、それはノートの取り方からすべてが読み取れるんだぞ！」

ということを、あえてノートの取り方に焦点を当てて指摘し、授業の受け方から指導していきます。

でも、この方法は、私が直接指導しているから言えることです。同じことをお母さんやお父さんが言ってしまうと、お子さんはおそらく反抗するでしょう。

親がやってはいけないことについては第４章でお話ししますが、親が子どものノー

トにダメ出しをするのは基本ＮＧなのです。

やる気のないノート、どう見てもちゃんと聞いてきているとは思えないノートだとわかっても、そこはぐっと我慢。

ダメ出しをする代わりに、先述のように、「黒板に書いてないことを書く。先生の話で大事と思ったところを書くんだよ」と授業の受け方を変えるきっかけとなる一言を言ってあげてください。

学力が伸びるノートの習慣 2

子どもへの声かけは、「ちゃんと授業を聞きなさい」より、「黒板に書いていないことを書いてきて!」

3 「提出するだけが目的のノート」に意味はない

成績がなかなか伸びない子のノートを見ると、その理由が一目瞭然のものがあります。

それはどのようなノートかというと、できる問題だけ解いていて、できない問題については何も書いてないノートです。

「わからない問題は空欄になってしまうのは当然じゃない？」という意見もあるでしょう。しかし、「できない・わからない」でも書けることがいろいろあるはずです。

一つだけ例外を言えば、学習の効率を図るための分量カット（ムダを省いた書き方）、現段階ではレベル差があり、戦略的に今は解かないので空白になっているのはＯＫ。

チェックする立場からすると、何も書いていなければ、その子がどのあたりから、何がどうわからないかなどが一切わからない、ということになります。

これでは「こうすれば？」「ここがおかしいよ。理由は……」と指示を出したくても出せないのです。その子にとっては非常にもったいない。指導してもらうせっかくのチャンスをみすみす逃してしまうのです。

ちなみに、過去の教え子たちで成績がぐんぐん伸びていった生徒の中には、わからず何も書けなくても、何らかの合図やメッセージを出してくれる子がいました。

図を途中まで書いて、「ここからどう2人の速さの比を出せるのかわかりません」。一つも式が書けず手も足も出せない問題でも、「問題文の2行目、定価の2割引きの利益、どう出すのですか？」。授業で扱った例題と比較して、「授業では○○としていましたので、同じようにしたのですが、できず……」などと質問や問題点を私にぶつけてきてくれます。

演習ノートで現段階の理解度をチェック！

子どもが学習で使うノートは大きく分けて、これまでお話ししてきた授業のときに使う「授業ノート」と、宿題や復習のために使う「演習ノート」があります。

そのだいたいの目的は、**授業ノートは「インプット」用、演習ノートは「アウトプット」用**です。

演習ノートの真の存在価値は、子どもの現段階での理解度のチェックと、引き出しやすくするための頭の中の整理にあります。

でも、多くの生徒は、そのノートを単に提出するためだけのノートだと思っています。

だから、わからない問題はそのスペースを空けておき、最後に解答をなぞるように赤ペンで丸写しすることに終始してしまうのです。まず、演習ノートの役割その1、自分でできる理解度チェックであること。

最高の理解度チェックはテストや模試ですが、家で簡単にできません。家庭学習、とりわけ多くの学習時間が割かれる宿題や復習のやり方について。わからない問題部分を赤ペンでひたすら答えを書いているだけのノートが実に多いのですが、これでは生徒自身がどこでつまずいているのかがまったくわかりません。

わかることと言えば、厳しいですが、「やってきましたよ〜」のアピールだけです。そんなノートを見ると、私は「俺はエスパーじゃないから、キミがわからんところ、俺もわからんわ（笑）」と洒落《しゃれ》っぽく言いながら、ノートを突き返します。

授業中の様子でだいたいは予想できるけど、何もないところから完璧にキミのわからないところをあぶり出すなんていう技は持っていないよ、ということです。

わからない問題は、何がわからないのかをはっきりさせてほしい!!

これはノートを見る側だけのためだけでなく、何より勉強する子どものためです。自分をごまかすクセがジワ〜ッと染み付いていく可能性がそこにはあるからです。

たとえば、1問解けて9問わからなくてもいいのです。「ここまでやったけど、わかりませんでした」と書けばいいのです。そして途中まででもいいから、何かその子自身の字で、そして言葉で書いてほしいと思います。

そうすると、先生は生徒のことがより理解できる。そして、より的確なアドバイスが子どもにできるわけです。もちろん、お母さんやお父さんも、そのようなノートを見せられたら、お子さんのやる気を感じるでしょう。

そして何より、**その子自身の能動的な姿勢が身につきます。積極性が生まれると、その加速度はすごいですよ、子どもだけに。**

「どこがどうわからない」まで書ければベストですが、いきなりそこまで書けなくても全然かまいません。わからなかったところがわからなければ、逆にどこまではわかっているかと表現できればＯＫです。

空白のままのノートにあえてノーコメントで返すと、「先生は僕のノートを見てくれていない」とすねる子がたまにいます。

「何も書いていないから、書きようがないねん」という話です。つまり、「なんか書け！」と言うことです。それまでに口頭で何度と注意をし、「これを続けたら何も書かんぞ！」と忠告は必ずしますが、これはかりは本人の自覚が必要なのです。

宿題のような提出ノートというのは、ある意味、指導側と受講側のキャッチボールの役割です。

投げなければボールは受け取られない。投げて初めて意味があるのです。

もし、それを「投げない」という理由は、また別に考えないといけない問題なのです。

演習ノートで頭の中を整理する

次に、演習ノートの役割その2、散らかった頭の中の知識や情報の整理をすること。

「演習ノート」、つまり子どもたち目線で言えば、宿題ノート。ほとんどの子どもたちがノートを埋めようと、そして早く終わらせようと必死です。もはや目的がずれてしまっています。

宿題は確かに大事です。「提出しなさい」と言うのは、出す側のそれなりの効果や目的があるからです。だから、必死に汗を流して頑張るのは大いに結構。

しかし、一方で、ものすごく疑問を感じます。

演習であれ、授業であれ、それらはその子自身が学力を伸ばすためのもの。ですが、〝ノートを埋める、早く終わらせる〟が学力に直結するなんて思いません。大量の問題を繰り返しさせることで、なんとなく〝勉強ができるようになった？〟と錯覚させられながら過ごしている子がどれだけいることか。

本来ならば、宿題に入る前に授業の復習を経て、宿題（与えられた課題）という流れが自然なはず。それがあまりにも多い宿題によって、大事な彼らの復習の機会をすっ飛ばされているのです。

宿題を出す側の言い分もあるでしょう。「これくらい出さないと勉強してこないから」や「高いレベルに持っていくためには、これくらい必要だ」などと。

しかし、いざパンフレットや広告を見ると、「楽しく勉強できる」などと謳《うた》っているものもあります。

「こんな過酷な感じで、どこが楽しいんや？」と、どこか騙されている感じすら覚えます。

話を戻しますが、すっ飛ばされている復習の時間は何としてもキープしなくてはいけません。あるいは、授業を蘇《よみがえ》らせるための宿題の時間が絶対必要なはずです。

必死に授業を思い出し、そしてテキストや解答で調べ、頭の中の今にも消えそうな先生の言葉や説明を整理しながら、その定着のために演習する。こうすることで初めて授業が完結していくのです。

そして、与えられた宿題をこなしていく。このあとの演習量は自分で決めるのです。あとでふれますが、自分の勉強なので。

受けっぱなしではどうしても理解の漏れや不十分なところが生まれるはずです。よほどの秀才でない限り、放っておくと忘れてしまいます。

学力が伸びるノートの習慣 3
先生に提出するノートは、先生と生徒のキャッチボールと心得る

4

アウトプットは1日でも早く！

授業の受け方が上手で、疑問点を授業内に解消できる子は、復習いらずです。授業中にすでに理解しているので、当然、宿題も短時間で終わります。

たとえ授業中に解消できず、わからないところが残ったとしても、受け方の上手な子はその箇所をどうわからないのか覚えていたり、マークしたり、メモを取っています。

私は「復習や宿題（＝アウトプット）は1日でも早く。できれば、まず復習は授業後その日のうちに1回やろう」と伝えています。

ちょっとしんどいですが、**すぐにアウトプットをすると、授業内容も頭に残っているため、どんどん次のアウトプットをしたくなります。結果的に理解が深まり、定着も早くなります。**

授業で習っている問題が宿題で出たとき、授業とそっくりの問題に関してはすぐに終わってしまうでしょう。ですから、リアルに**ほかの子どもの3分の1くらいの時間で済んでしまいます**。

宿題に時間がかかってしまう理由

アウトプットが遅れるとどうなるか？

もうおわかりと思いますが、終わるまでに恐ろしいほど時間がかかってしまいます。それだけではありません。時間がかかりすぎると当然、それだけ授業内容がどんどん記憶の彼方《かなた》に行ってしまいます。やる気も失せてきます。そして、伝家の宝刀・赤ペンで書き写すという荒ワザを繰り広げてしまうわけです。

大手進学塾に通うような受験生ですら、こんな大事なアウトプットをあろうことか、次の週の授業前日の夜か丸一週間後の夕方に、学校から帰ってきてあわてて無理やり終わらせる子が非常に多いのです。

そうなると、ほとんど忘れてしまっていて一からその内容を自分で勉強し直すのと同じです。ノートを開いて、前回の授業の内容を見直すところからやり直しです。

言い方はキツイですが、その日か次の日までに復習をしない子は学習への意識も低いので、忘却曲線の下降曲線通りにきれいに忘れています。

さらに残された少しの時間でしなければいけないため、その内容が本当にひどいものになってしまうわけです。

復習と宿題は違う

ここまで「復習」と「宿題」という言葉を分けて書いてきました。

それは、本来「復習」と「宿題」は別物だと私はとらえているからです。

まず**「復習」は、授業の内容を自発的に再確認し、吸収するためのもの**。よって、自分の理解度がどうであれ、絶対必要なもののはずです。しかし、子どもたちにすれば大事と思っていても、課せられているわけでもないのでスルーできます。

一方の**「宿題」は、半ば強制的に「させられているもの」「課せられているもの」**です。正直、逃げたいですが、先生と親という4つの大きな目がにらみを利かせているためやらざるをえないのです。

私は保護者の方から、「子どもが真剣に宿題をやらないんです」や、「宿題に時間がかかって」という相談をイヤというほど受けます。

その理由は簡単で、一つは、**「やらされている感がハンパない」**ので**〝考える〟という最も重要な時間が費やされていないのです。**

本来の勉強の目的は宿題をやることではなく、学習したことをマスターしたり、試行錯誤した自分の考えを問題にぶつけることであるはずです。

しかし、いつの間にか、家では「宿題＝勉強」の図式がほぼ完成されている家庭が大半なのです。さすがにこれでは子どもにとって面白いわけがありません。

したがって、「宿題＝勉強」ではあってはならないのです。

あえて言うならば、「復習＝勉強」のはずです。

なぜなら、〝考える〟という時間がより使われるからです。

広い意味での勉強となると若干違うかもしれませんが、ここでは「宿題＝勉強」という誤解を少しでも早く解いてほしいのです。

本当の意味での「復習＝勉強」、〝考える〟という時間がしっかりと捻出《ねんしゅつ》できているような学習ができている子は10人のうち1人いるかどうか。

最近の子どもたちは日々、時間に追われています。授業での聞き方やすぐに復習するかどうかもありますが、やはり「宿題をする時間」という大きなテーマと毎日戦っているのです。

私は塾などのクラスでカリキュラムを一任されるときは、宿題をできる限り生徒各自の自主性に任せています。つまり、一定の範囲は提示しても、するやしないやで、あれこれ言いません。

「やるのはキミたち！　だから、やるもやらないも自由！　自分たちが考えて必要と思う分だけしてくれればいい。満点取る自信があるならしなくもOK。でも、苦手で演習が必要と思うなら5倍でも10倍でもしてこい！」と。

自主性が生まれれば、放っておいても勝手に彼らは走り出すからです。

実際のところ、これによって時間的な悩みやストレスは軽減されます。

なかには、ここぞとばかりにサボる子もいます。でも、そんな子に「これやってこい！」と言っても、別人のように生まれ変わるわけがないのです。だから、とりあえず何も言わずに放っておくようにします。

実際、ガミガミ言って変わった子は、少なくとも私の生徒では知りません。しかし、集団で走り出すクラスという群れの中にいると、何らかのキッカケで、いつの間にかそんな子もゆっくりでも走り出していくのです。

学力が伸びるノートの習慣 4

授業後その日のうちに、1回は授業ノートを見る

5 できる子のノートは仕分け上手！

授業の聞き方（受け方）が素晴らしい子は、総じて勉強の取り組み方がうまいです。

授業が終わってから宿題をするまでのスパンも短く、非常に効率よく学習できています。

しかも、それだけでなく、宿題にかかる時間も比較的短く済ませている。

それは、**宿題の中でもできる問題、できない問題の判別がすぐできているからなのです。**

実力がついてこないと、このような判別はカンタンにはできません。

「できる問題」か「できない問題」かの判別ができる

実はこれ、生徒たちの宿題ノートを見ているとわかることがあります。

まず、できる問題から片づけている生徒は、ノートに書いてある問題番号やページの順番が飛び飛びになっていたりします。これは問題番号がランダムなので、明らかにわかります。

もう一つは、問題番号は順番に並んでいますが、よく見ると筆圧や字のタッチが微妙に違うのです。やる気がないとかそういう感じではなく、取り組んだときの時間差です。

たとえば、一方は昨日やっていて、もう一方は今日という具合です。その生徒自身で時間をおいて、再度取り組み直しているのです。

そんなクレバーな生徒はすごく多くはないですが、でもいます。自分で学習リズムをコントロールできる素晴らしいタイプです。お母さんに指示されている子もいるかもしれませんが、しっかりそれに応《こた》えていて大したものです。

できる問題はさっさと片づけて、できないものはその箇所や理由をはっきりさせて、あとからじっくり攻略しているのです。

逆に言えば、できない問題の箇所や理由がわかるくらい深く内容をえぐる学習をしているので、さばける問題数も多く、ポイントを絞ったソツのない勉強ができるのです。

つまり、できる子はその判別ができ、そして早いのです。

片づけと同じですね。片づけが得意な人は、まず分けることからスタートするそうです。片づけたいものを前にして、「いる」「いらない」の仕分けが上手なのです。できる子も同じ。できる問題、できない問題を上手に仕分けができます。

ところが苦手な生徒は、全体をなんとなく取り組んで、わからないところは空白。そのあと赤ペンで解答を写すだけとしてしまいます。

まず、そのような子どもたちには、まずそういった判別ができるように心がけてほしいのです。

こういう判別には本人しかわからない理由があるはずです。つまり、その都度《つど》、理由を考えて取り組んでいかないといけないというわけです。

テキストに書いてあるレベルや難易度、ひどい場合は文字数だけでカンタンだとか難しいとか先入観を持ちすぎないこと！

ノートにどんどん自分の力を遠慮なくぶつけられるようになった時点で、十分合格点なんです。

順番通りに恐る恐る書いているうちは、まだまだということを肝に銘じておいてください。実力は心配しなくても、絶対あとからついてきますから。

学力が伸びるノートの習慣 5

まずできる問題から片づけ、できない問題はできない理由を考えてじっくり取り組む

6 間違いの多いノートのほうが伸びる

今ひとつ成績が上がらない演習ノートには、それ相応の理由があります。

先に書いた赤ペンで答えを埋め尽くすノートもその一つですが、ほかにこれを続けるとヤバいノートの事例があります。

それは、キレイに仕上げている見栄え重視のノート。そしてもう一つは、見るからにやる気が感じられない提出目的で〝とりあえず感〟満載の空白だらけのノートです。

この2種類のノートは一見するとまったく違いますが、共通点があります。それは各々の勉強目的をまだ理解しきれていない幼さがあるということです。

まず、見栄え重視のノートは、いわゆる「いい子に見られたい」タイプの子に多く、女の子に比較的多い印象を受けます。

先生によくできていると思われたい、親にほめられたいという思いから、せっかく必死にもがいて書いた解答や考えた形跡を見事にきれいに消しゴムで消しています。そして解答を鉛筆でなぞるように書き写し、最後には赤ペンで◯《マル》！　としてフィニッシュさせているのです。最悪です!!

これでは、**本人の成長記録、解くまでの過程という、演習ノートの大切な役割である理解度の確認を記録として残すことがまったくできません。**

おそらく、これまでに、「こうしなさい」と誰かに言われたのかもしれません。「ノートをきっちり書いてくる」ということを勘違いしているケースです。

このようなキレイに見えるだけのノートは、だいたいの先生なら気づけるはずなので、担当の先生に一度チェックしてもらうといいでしょう。

空白だらけの演習ノートを叱ってはいけない

次にもう一つ、空白だらけのノートです。

こちらは圧倒的に男の子に多いです。字も小さく、ノートを詰め詰めに使います。単純に見にくい。また解き方も書き方も雑な子が実に多いというのが特徴です。

一見、やる気がないように見えます。しかし、その多くはそもそも勉強の仕方が全然わかっていないのです。

ノートの使い方だけでなく、授業の聞き方や質問の仕方など総じて幼さゆえにできていないので、ある意味、仕方ないかなと思います。したがって、わからないところをすべて解答を見て赤ペンだけ埋めてくることすらもしないのです。

決して「赤ペンで埋めるほうが、まだマシなのか?」ということではないので絶対に勘違いしないでください。むしろ、ほかの色に染まりきっていない分、こんな子にはきっちり教えてあげるといいのです。

余談ですが、鉛筆であれ赤ペンであれ、解答を写してくるのはすべてダメなのかというと、実はそうではありません。

解答を読み込むということと同時に、解答を実際に自分の手で書ききってみるというのは、場合によっては非常に有効な学習方法でもあります。
ただ、まだまだ幼く、目的をわからずして、答えをノートに埋めるということを、へたに子どもに覚えさせないようにはしないといけないことは注意が必要なのです。

学力が伸びるノートの習慣 6

何のためのノートか目的を理解させる

7 宿題は無理やり全部やらせなくていい

「何度言っても宿題をやりません」

「どうしたら自分から宿題をやるようになるんでしょう？」

そんな相談を受けることがよくあります。

しかし、私に言わせれば、自分から宿題をしない子どもに**「宿題をやりなさい」と言うのは逆効果です**。

宿題をやらないのではなく、「わからない」から「できない」のです。「宿題をやりなさい」と言われても、宿題のページを開いて、わからないままになんとか埋め、最後に答えを写して終わりです。それで宿題をやっていることにしているのです。わからないから、答えを写すしか方法がないのです。

先に、「宿題のような提出ノートというのは、指導者側と受講者側のキャッチボールの役割。投げなければボールは受け取れない。投げて初めて意味がある」と書きました。

しかし、どこがどうわからない、とはっきりノートに表現できたり、ある程度ノートに解答を書きつつも途中でつまってしまい、SOSを出せるような生徒は決して多くはありません。その時点である意味優秀で、〝学習偏差値〟も高いからです。

何もノートに書けないような生徒はかわいそうなことに、それだけでやる気がないと決めつけられがちです。

そのために意欲の〝証〟として、赤ペンで答えを丸写しして、勉強してきたというポーズをとらざるをえないのです。

まずは「わからないところに線を引く」だけでいい

これまで答えの丸写しについて注意を促してきたのは、それがクセとなりいつの間にかその手段こそが最後の逃げ道となってしまう恐れがあるからです。それは子どもにとって、とても大きなマイナスです。

せっかく書き写してくるのであれば、それを存分に生かしてあげるようにします。

私はそのような生徒には、いつもこう指導します。

「もし答えを写して来るんだったら、次から**その答えの理解できないところを線で引いてこい！**」と。

すると私もその子のわからないところがだいたい予想でき、その子にとって必要な指導ができます。これなら答えを丸写ししてきたとしても、まったく意味合いが違ってきます。

写すだけでなく、少なくとも線を引くために解答を読んでくるはずです。

そうすれば「先生に見てもらうためのノート」になるので、キャッチボールができます。

ただ単に、ハンコだけを押されて「はい、また来週頑張って」と返却される、言ってみれば関所を通るだけのノートではなくなるのです。

一方的に「こうするな！」「こうしなさい！」と言うのは大人にとってはラクです。しかしそれでは、とりあえず見せかけだけで終わらせる子どもも出てきます。

行動一つ一つの見方を少し変えてあげれば、「なるほど！　意味のあるものだ」と姿勢そのものが変わるきっかけに十分なりえるのです。

学力が伸びるノートの習慣 7

ノートに〝解答を写す〟ぐらいなら、〝わからないところに線を引く〟ほうがいい

8

「ノートに書いていない＝習っていない」は間違い

生徒たちのノートをチェックしていると、講義をしている者の目線だからこそわかることがあります。ノートを広く使っているかや字の大きさ、丁寧さなどの見た目はもちろんですが、それだけでなく内容面から習熟度や実力の違いもよくわかります。

優秀な生徒は、授業で板書した内容から微妙に派生した問題であったり、類似問題だけど若干難易度を上げる条件が入ってくると、ノートの書き方に変化が見えます。その変化は、生徒によって対応力に差があるので同じではありません。むしろ、バラバラです。何度も書き直してみたり、時間や日をおいて、もう一度やり直したと思われる跡がうかがわれます。

授業と宿題を切り離すクセをやめないと危険！

一方、伸び悩んでいる生徒の場合は、最初の基本から最後の応用問題まで、単調なリズムでノートを書き終えているケースがよく見られます。

つまり、ほとんどが解答を見ながらとりあえずノートを埋めてきているのです。これまでも書いてきたように、鉛筆であれ赤ペンであれ、写すのは絶対NGというわけではありませんが、やはりほとんどのケースは問題アリです。

彼らの**一番の問題は、授業と宿題をまったく切り離しているということです**。これは本当に危険です。このクセは放っておくと、大学生くらいになっても染み付いてしまうので要注意です。

「復習と宿題」は別物と言いましたが、「授業と復習または宿題」は、絶対切り離してはいけません。授業あっての復習です。

そんな彼らの宿題（復習）の仕方は、宿題ノートと宿題（テキスト）しか使っていません。ノートを開けて、問題を見る。「わからないから答えを見て、〃いつものように〃書き写す」の一連の流れです。何がダメか、おわかりですよね？

そうです、授業ノートを見るというのが完全に抜けているのです。

彼らにとっては重要アイテムでも何でもない。ただの「授業のときに使っているノート」という認識なのです。だから見返さない。

これがどれほど重大な問題か。授業ノートを活用しないクセがついているので、授業の板書を取ったり、先生の話をいいかげんに聞いてしまいます。

つまり、そのような生徒たちにとって、授業なんてあってないようなものになるのです。そしてさらに、しっかり聞かなくなる。なんとなく耳に残っている内容だけで宿題を頑張るという、むしろ超優秀な生徒がなすようなことを形だけしてしまっていることになるのです。

まとめると、彼らの授業ノートの存在は、

宿題に必要でない→授業をいいかげんに聞く→まともに板書もメモも取れない→さらに使い物にならない

という最悪のループにはまっているのです。

以前、算数で苦しんでいた生徒のノートをチェックしていたとき、「この問題、解けたの？　答えと完全に式まで一緒やけど、答え見て理解できたん？」と聞くと、「う〜ん、どうかな〜（笑）」と少々返事に困っている様子。実はその問題、授業で超重要と伝えていたもので、さらに数字もほとんど同じものだったのです。「解答にはそう書いているけれど、実際はこのように解いたほうが断然早くて、正確に出せるぞ」と別解の理由も話していたものでした。

先生によりますが、私は「こう解け！」と解法を強要しません。解き方がしっくりくるかどうかは人によって違うからです。だから、その生徒が解答の方法で納得すれば全然問題ありません。

しかし、それと授業をいい加減に聞くのとはまったくの別問題です。優秀な生徒の中には、授業内容やテキスト解答などを見て自分なりにカスタマイズして取り入れてくれる子もいます。それならば大いに結構です。たとえ私の解答が結果的にしっくりこなくても、解答の選択肢の一つとして、むしろ集中して受けるからです。

ノートと見比べて、テキスト解答に走ったのであればそれはＯＫ。でも彼は違いました。ノートを見て考えるというより、すべてがそろっている解答を見るほうがラクだったのです。それゆえ成績も一向に上がらないのです。

「この問題はまだ習ってないからできない！」と言われたら？

進学塾に通う受験生の悩みの一つに、

「授業をいいかげんに聞いているわけではないけど、宿題ができない！」

があります。悩みとしては一つだけど、大きさで言えば、成績の次くらい大きな悩みのはず。

「これ、習っていない！」とここぞとばかりに威勢よく吠える子ども。

「いやいや、そんなことないでしょ？」と半信半疑で反応する親。

生徒自身は授業で「わかったつもり」になってしまっていて、「実は……？」というケースなのですが、私たち教える側の事情も少しあります。受験指導というのは、教えている量も膨大です。したがって、授業中にテキストの問題のすべて説明できないことはよくある話です。

しかし、その範囲や単元の核となるものを教えておけば、それに派生するパターンもわかるという前提で多くの塾では指導しているはずです。

クラスのレベルによって必要であれば、「登場人物が3人の場合、2人ずつ考えよう」「図は、3段にするんだよ」など、各テーマごとに補足的な説明をしてくれているはずです。

本当にうまい先生に当たると、そのちょっとした条件の違いや対応の仕方を板書テクニックと絶妙な話の間《ま》や問いかけで話しているでしょう。

そのとき、ちゃんとノートにメモれる子は、「3人→トライアングルで2人ずつ」などと、さっと自分の言葉で書きとめるのです。

教える側からすれば、「教えていない」という認識はおそらくありません。それでも、教える側と教わる側で問題の見え方が違ってくるのは仕方ないでしょう。いくらよく聞いていても、先生の言葉を拾っていても限界はあるはずです。そしてその限界には個人差がある。授業でカバーできなかったところは、宿題用ノートというアイテムを使って包み隠さず先生に投げかければいいのです。

授業中にすかさずメモれる子は、どんな問題でも諦めずに対応しようとします。それは授業で習ったことを頭の中に総動員させる引き出しが多くあるからです。

そして、たとえテストで間違えても、最後までたどり着けた子が一番正解に近い。その過程にある修正ポイントさえ見つければいいわけだからです。

授業内容を上手に仕入れるには、ノートの取り方をいかに充実させるかなのです。

学力が伸びるノートの習慣8

宿題するときは、テキストを開くより授業ノートを開く

9 ノートで伸ばす「5つの力」

ノートの取り方がうまくなれば、学習効率が上がり、成績に必ず反映されます。では、ノートの取り方によってどんな力が伸びるのでしょうか。改めてノートで伸びる力を5つに分けて紹介しましょう。

授業ノートで伸びる力

① 理解力

授業ノートを板書を写すノートと思っているうちは、せっかく時間を使って授業を受けていても理解という点では相当乏しい。

「写すこと」に集中してしまい、耳や頭より手と目が忙しくなっている。その時間、理解よりも書きとめることに追われてしまう子は結構います。

完全にノートに板書を写す時間と思い込んでいる子もいれば、なかには先生の話を聞きたくても、授業のペースについていけなくて、書くことで精いっぱいの子もたくさんいます。

授業が終わってから、家で復習や宿題をする際に改めて学習し直すのは非常に効率が悪い。なぜなら、それでは時間が倍以上かかってしまうからです。もちろん、きっちり学習し直すという前提の話です。

なんとなく聞いていた授業の断片を思い起こしながら、テキストや解答を見ながらになるからです。

板書内容を見ながら先生の話を聞き、リアルタイムで考えるからこそ、初めて気づく疑問や問題の深い理解につながるのです。

授業ノートという存在は、授業のその瞬間、自分自身で気づいたり、感じたことを書き留めるものに使えれば、授業の価値がグッと上がるのです。

②集中力

ノートの取り方ひとつで、間違いなく集中力も上がります。集中してノートを書くという意味ではないですよ。授業に集中するために、ノートの書き方を考えるのです。

通常、授業というのは、5分や10分で終わるものではなく、45分や1時間くらい使うものです。その時間ずっと神経を研ぎ澄まして集中なんて、大人でも難しいです。

授業時間をコントロールする先生にもよりますが、授業にはリズムがあります。流れていく時間すべてが必要な時間ではなく、聞き逃してはいけない時間と多少スルーできる時間が必ずあります。

聞き逃せない時間は、その瞬間、集中して聞かないといけない。裏を返せば、極力その時間にノートは書くべきではない。間違っても書くことに集中してしまってはいけないのです。まず、頭と耳がお留守になっているはずです。

聞きながら書きとめるような器用な子は問題ありません。しかし、そのようなことができる子はやはり少ない。

先ほども書きましたが、授業は「聞くこと（=理解すること）」。

本当は「ノートはその合間だ」というイメージで、子どもたちに伝えるにはそれくらいがちょうどいいでしょう。

ノートを取る時間にメリハリがきけば、「聞くこと（＝理解すること）」に集中できるはずです。

③取捨選択する力

取捨選択する力は、理解力、集中力と連動しています。

授業中、学習すべき内容に優先順位をつけ、重要でさらに時間をかけて学習しないといけないところを察知する力です。

すでに説明した通り、板書や先生の説明の中で、すでに知っていることは書かず、知らないことを書くというように仕分けをします。

私も偉そうなことは言えませんが、先生の中にはムダなことをたくさん書く人もいます。その中で何を書くべきかを判断し、必要なものを書きとめるのです。

逆に知っていても、あとで振り返ったときに体系的にわかりにくいものは書いておかなければなりません。

数は少ないですが、本当に優秀だなあと思う子は、初見の問題が出てきたとき、どこかの問題との「関連（つながり）」を見つけて、記憶を引っ張り出してメモします。たとえば、「あっ、この問題は前に解いたテストの問題に似ているな」「あの問題集にあった問題と関連しているな」と自分の記憶の中から引っ張り出して、サッとノートにメモしておいたりします。偉いでしょ？

問題や疑問点を比較できる生徒は、ノートの取り方も違ってきます。使う条件やポイントなど、問題のエッセンスを感じ取れないと違いがわかりません。

自分にとってどれくらい必要で重要なものか、逆にそうでないのか、先生の話や板書を上手に取捨選択して、ノートに書きとめています。

ちなみに、そういう子は、質問の仕方の質も段違いです。

質問の質の高さとノートの取り方の素晴らしさは、基本的に比例していると私は思います。

演習ノートで伸びる力

④思考力

勉強に欠かせないのは、何よりもアウトプット。受験生にとって究極のアウトプットはテストになります。強制力の伴ったテストは最高のアウトプット手段です。

ですが、いつでもどこでも、とはいきません。自分でも有効なアウトプット手段を持っていてほしいのです。そこで存分に活かしてほしいのが、演習ノート。演習ノートは思考力を上げるアウトプットのアイテムです。

多くの子どもにとって、宿題ノートの位置付けがおそらく演習ノートになるでしょう。これを活かすも殺すも使い方次第になります。

提出目的になってしまっているノートは私の指導経験上、よく考えてノートに書いてきているかどうか疑問です。やっつけでやってしまっているときは単なる「消化」であり、「作業」になっていることが多いからです。非常にもったいない。

授業で習って、考えて、そして頭の中で散らかった知識や授業内容を整理する。そのような時間が自分のモノにできる絶好のチャンスだからです。

これが俗に言う「復習」です。ここで自分でじっくり考えてほしいのです。この時間があるかないかで、その子の〝戦闘力〟は確実に変わります。

⑤表現力

思考力によって考えたものを、どう表現するか。5つ目は表現力です。

宿題ノートをこれまで私はたくさん見てきましたが、いろいろと「これはマズいよね」というノートがありました。その中でも最も成績が上がる見込みを感じさせないものがあります。

それは計算式だけをズラズラ書きているだけのノートです。

誤解を恐れずにわかりやすく言うと、超安モンの問題集の解答みたいな感じです。安モンって値段ではないですよ。解説の作りがチープすぎるものです。問題集の解答例をお子さんと一緒に見て、「?」と思った経験があるお母さん、お父さんもいるのではないでしょうか。「なぜ、急にこの式?」というような経験です。

どんな問題でも解答には流れがあり、式と式を書く間にその理由があるはずです。

それを日本語で合いの手のように入れるだけで、徐々に締まった解答が書けるようになっていきます。言葉を入れることで解答のリズムが出てくるので、その子自身の引っかかるポイントや需要な箇所がクリアになってきます。

どうしても算数に限らず勉強が**苦手な子は、答えだけを書くクセがあります**。理由や根拠を書くという指導をあまり受けておらず慣れていないのです。

「算数でも日本語をバンバン入れていいんだよ！」と言ってあげれば、遠慮なく書きだす子がいます。書かないと解答もうまく書けません。書くことで洗練された解答ができ上がっていくからです。

これればかりは一朝一夕にいかないこと。ノートを広く使って、間違えてもいいのでガンガン書き出す訓練をしてほしいです。

学力が伸びるノートの習慣 9
ノートを効果的に使って、５つの力を伸ばす

10 ノートの使い方を変えただけで、成績が上がった！

この章の最後に、ノートの使い方を指導しただけで成績が上がった生徒の例を一つ紹介します。

小学校6年生の女の子です。6年になって私が初めて担当した生徒で、最初の授業のときから「これはマズい！」と思いました。授業中、ずっと下を向いてノートを書くことに夢中な感じでした。

6年生は受験学年であるため、解説講義が多くなります。問題一つ一つのボリュームも多く、講義中の解答も多くなります。それだけに多少は仕方ないのですが、一人だけ必死という様子でした。

そしてノートを見せてもらうと、ムダなく詰め詰めにして書いていました。図形も、辺の1本1本を定規でキレイに引いています。几帳面《きちょうめん》な性格だったのかもしれませんが、彼女の中ではキレイなノートを作ることに全力を注いでいたのでした。当然、授業内容なんてほとんど頭に入っていなかっただろうと思います。

とくに算数で使う計算式は、イコールの位置を下にそろえて書いていくもの。しかし、彼女は式をどんどん右（横）につなげて書いていたのでした。**計算式を下に書いていくのはルール的なことだけでなく、式の変化がわかりづらくなる**からです。

彼女は5年生から通塾していたようですが、これまで誰にも注意されなかったとのこと。ということで大至急、以下のことを指示しました。

私が彼女とお母さんに伝えたのは以下の3つです。

- 詰め詰めに書かず、広く使うこと
- 色ペンと蛍光ペンを使ってメリハリをつけること
- 図や表はなるべく定規を使わずに描くこと

詰め詰めに書かず、広く使うことというのは、見やすくすることと余白部分を作らせるという理由から。詰め詰めのキツキツに書く子どもは非常に多いです。余白が気になったり、なかにはもったいないから埋めたいと思ってしまう子もいます。こういうのはクセのものなので、個人差が出てきます。

私は、「余白込みでノート」だと思っています。入試演習になると、基本、6年生算数の問題は「1ページに1問」くらいがちょうどいいです。**余白を作らせることによって、あとから気づいたことを書き足すこともできますし、授業中の先生のコメントもメモしやすい**です。自分の解答を消しゴムで消し消ししなくても、先生の板書を書くスペースもあり、比較しやすく、利点しかありません。積極的に余白を作らせて、メモを取るように促してあげます。

色ペンと蛍光ペンを使うのは、単純にわかりやすくするため。カラーによって、公式やポイントなどの重要部分を一目でわかるようにし、復習のときに自分自身を助けるためです。彼女はそれまでノートについて何も言われてこなかったため、普通に鉛筆と細い赤ボールペンのみのシンプルなノートでした。

なるべく定規を使わず描いてほしいのは、まずはスピードです。そしてそれだけでなく、そもそもテストでは定規を使えないから。書くスピードを速くすることで、これまで板書だけに使われていた時間の一部でメモもできるという余裕に気づいてもらうためです（詳しくは次章で説明します）。

ノートの使い方を指導をする前の彼女は、授業の聞き方も完全に先生の解説待ちでした。先生が板書に何か書くまで待っている、という感じでした。

しかし、ノートの使い方を知って、余白部分と時間的余裕を生かすようにしてもらうと、顔を上げている時間が増え、速く手がよく動くようになったのです。ノートに向かう手が速くなったことにより何よりもよくなったのは、最大の目的である授業を集中して聞いている時間が圧倒的に増えたのです。

つまり、彼女は本当の意味で、授業に「参加」できるようになったのです。

講義ノートだけでなく、宿題ノートにもこの「1ページ1問」形式で徹底させました。これにより、まず学習への意識が変わり、やがて本人がその効果を感じてくれたのです。
彼女は算数が大の苦手科目でしたが、次第に取り組み方にも変化が出て、結果も出せるようになりました。

では、私は具体的にどのようなノートの使い方を指導しているのか。
いよいよ次章から、学力がつくよいノートを書くポイントと、逆に学力が伸び悩むダメなノートの特徴について、さらに具体的に紹介していきましょう。

学力が伸びるノートの習慣 10

算数の問題は1ページ1問。余白を活用するようになると、学習への意識が変わる

第２章

学力が伸びるノート、伸びないノートの違い

「キレイなノート」より「活用できるノート」

11

ノートの「見た目」にだまされてはいけない

授業ノート、宿題ノート、自習ノート、過去問用の演習ノート……。

多くの受験生はシーンに応じてノートを使い分けています。

先生に言われた通り、ただ分けている子もいれば、意味を理解して使い分けている子もいます。

形式的にノートにタイトルをつけているのではなく、そのノートによって学習を管理するアイテムとして上手に使えれば、一段上の勉強ができるのは間違いありません。

そのようにしている子は多くはないですが、確実にいます。そして、そのような生徒は確実に結果を出しているのです。

ノートの書き方もさることながら、最初の使い分けの段階から差ができてしまっているのです。

見た目はいいけど中身が残念すぎるノート

授業であれ、宿題であれ、どんなノートでも「メルカリで売るのか？」というくらい本人も自画自賛のきれいに仕上げてしまっているノート。これを見た親は完全に騙されてしまって、「うちの子は大丈夫！」と安心してしまう。

〝まとめ！〟と表して、テキストのまとめ部分を、ただそのまま丸写ししただけの自己満足ノート。

問題番号やページをイタリック体で時間をかけて書いたり、「これ、重要」と、重要マークを塗りつぶすのに時間をかけていたり……の中身がスカスカになってしまっているお子様ノート。

自分が間違えたところに「重要」と書いているのですが、丁寧に書いてくれている子に限って、その「重要」が的外れだったりするのです。その勘違いに気づくことがまず「重要」なんですが。

このような授業ノートを見ると、「ホントにこの子、授業聞いてないよね！」と一発でわかります。

本当に中身がつまっているノートかどうかは、正直ノートを開かなくても外からでもわかるときがあります。

持った瞬間にほんの少しですが、ふわっとした厚みを感じるときがとくにそうです。これはいいノートかも？　と思うと、たいていそうです。中身も生き生きした内容です。先生の言葉や板書だけでなく、自分の言葉で書き加えたであろうワンポイントメモがあったり、色分けによって書いている瞬間も、そして、後々にも活きる意味のあるノート。

子どもがノートの使い方の意味一つ感じているかどうかで、ノートそれぞれの表情が違ってきます。

その1冊1冊の表情から本当に生徒の学習状況がわかるのです。それだけでなく、これまで学んできた過程をも垣間見《かいま》ることができるのです。

では、過去の教え子の事例から、ノートの使い方としてちょっと残念な例、そしてこれができれば理想的だという例を具体的に挙げながら紹介していきます。ぜひ、参考にしてください!!

学力が伸びるノートの習慣11

「見た目が美しいか・わかりやすいか」より「見直したあとに自分に役立つか」が大事

12

授業ノート編

NG 黒板の丸写しノート

OK 授業に〝参加〟できているノート

黒板の丸写しノート

黒板の丸写しノートの危険な理由については、これまでも繰り返しお伝えしました。しかし、これでもまだ言い足りないくらいです。それくらい授業中の黒板丸写しが蔓延《まんえん》しているので、簡単にもう一度。

・書くスピードが速い子でない限り、板書を写すことに授業時間の大部分が取られてしまう。

・口頭での説明や解説部分を聞き逃してしまう。
・ノートに書く情報の強弱がつけられず、同列に書いてしまう。
・授業テーマについて、自分で考える時間がほとんど取れない。
・とりあえず書き写すことで、不安感の払拭や満足感を得るという本来の目的から大きくそれてしまう。
・その後の復習の際に、使い物にならない。

など挙げればキリがありません。

以前、私の講義の板書をそのまんま丸写ししていた生徒がいました。

そのまんまですよ。どういうことかというと、黒板一面に書いた板書をノート一ページに書いていたのです。まだわかりにくいですよね。説明が難しいです（笑）。なぜって、そんな生徒、あとにも先にもその子だけだったというくらい、予想しない書き方だったからです。

黒板は基本、横長の長方形ですよね？　算数にもかかわらず、ノートを横長に寝かせて、ノート一ページを黒板一面に見立てて丸写ししていたのです。

板書の写真を貼ったように上手に書き写していたのです。やっぱり、今から思い起こしても面白いです。もちろん、書いている位置もです。

「えっ、それ〜、どうなん?」と私が言うと、「えっ?」と無邪気に笑っていました。怒れません。注意できません。面白いし、かわいいし。ちなみに、そのとき彼は小学4年生になったばかり。

「いやいや、ええんやけど〜。これ〜めっちゃ完璧に丸写しやん!」と言うと、「お母さんが黒板の字を全部写してきなさい、って言ったから」と彼は言ったのです。

実に素直です。別の才能の片鱗《へんりん》が見えましたが、さすがに受験のことを考えるとこのままではどうかな? と思いました。

彼は本当に丁寧に〝写す〟という作業しかしておらず、また、それを彼のお母さんもそのままOKとしていたのです。そのため、授業時間中は書くことに大部分の時間が使われていたのは言うまでもありませんでした。

彼がこのまま大人になってもそのようなノートの取り方をするとは考えにくいです

が、やはりノートの取り方はクセとして残ってきます。

「黒板を写してきなさい！」はまだ幼い子どもには極力使わないでほしい危険な言葉だと思います。

授業に〝参加〟できているノート

ノートの取り方が自分でカスタマイズできている生徒は、優秀な子が多いです。

算数であれば、**授業ノートのページの右端に縦線でコメントスペースを自分で作り、黒板には書いていない、先生が授業中にサラッと言った一言や、自身がとくに重要と感じたもの、何気ない先生の雑談を上手に控えています。**いわゆる、講義メモです。

さりげないように見えて、その価値はものすごく大きい。

なぜならば、そこに書くことは機械的なものではないからです。自分で考えてカスタムしたことを書く必要があるので、授業に思いっきり〝参加〟していないとできません。

考えるときに考える、解くときに解く。気を抜いていいところは抜く。決して字を書く作業だけにとどまっていないのです。

私は授業中、よく生徒たちに、

「黒板に書いてなくても、聞いていて〝これ大事やな〜〟と思ったら、君たちの判断でカンタンにメモるんやで！」

と伝えます。まあ、なかなか伝わりそうで伝わらないところなのですが、やはりできるようになるには日頃の意識と練習が必要です。

〝自分の判断でカンタンにメモる〟は、確かに子どもにとっては高いハードルかもしれませんが、そこをあっさり涼しい顔でやっていた男子生徒がいました。

算数の授業では図を描いたり、表でまとめたり、式からその計算方法へと順に示します。その図から、なぜその式になったかの理由を説明しながら板書します。ときには、図や表、グラフからさっと式を立てているケースも多くあります。クラスのほぼ全員と言っていいほど、みんな、それをそのまま書き写しています。

しかし、彼だけはそこに一言加えることをしていました。**図、表から式に向かって**

矢印を引っ張って、「これを見て、この式が書ける」「その理由は」「だいたいこうする」

などとノートのあちこちに走り書きのように書いていました。

「これを見て、この式が書ける」とは授業中、私が言った言葉。彼はなんとそのまま私の言葉をパクってメモしていたのです。

簡単な問題例を挙げて解法のカラクリの説明をした際には、矢印を問題例まで運び、「その理由は」と、たった5文字を書き加えていました。

こんなのでいいんです！　はじめはこれくらいで十分。いや、これでほぼＯＫです。

なぜか？　その証拠によく聞いて、よく考えていて、彼はクラスで一番と言っていいほど、授業に〝参加〟できていたからです。

学力が伸びるノートの習慣 12

ノートのページの右端に、「授業に参加しているからこそ書けること」をメモするスペースをつくる

13

授業ノート編

NG 図ではなく絵を描いているノート
OK 図の描き方の手順が示されたノート

図ではなく絵を描いているノート

「図はキレイに描きましょう！」

よくこれまでに子どもたちが言われ続けてきた言葉です。

そうです。上手に描いているほうが見やすいし、図形問題を解くときでも絶対そのほうが解きやすい。

しかしながら、〝**図を理解して**〟**描いているか**どうかは微妙です。

見た目はすごく素晴らしい図形を描いていても、問われている問題の意図を考えずに描いていれば、まったくと言っていいほど意味がなくなるのです。それを考えずにただ書いているだけでは、図形把握力がつかなくなるからです。

算数が苦手な生徒全般に言えるのですが、図形を形でとらえることができず、線と線のつなぎ合せ程度にしか思っていない子がいます。

図というより、むしろ絵に近い感覚です。

たとえば、そのような生徒は半径30度のおうぎ形を描かせると、まるで「コーンに乗ったアイスクリーム」のようなものを平気で描きます（97ページの図参照）。

この単発の図形問題を解くだけではそれほど困りません。しかし、自分がおかしな図を描いていても、言われない限り気づかないと思います。ですが、それが問題です。いざ、応用問題に出くわすと間違えてしまうだけでなく、その理由もすぐに気づかないのです。

おうぎ形というのは、円の一部です。円は中心から一定の長さの半径で描かれたもの。つまり、おうぎ形の曲線部分は中心の位置と半径の長さによってすごく曲がって見えたり、平坦な線に見えます。したがって、絶対それらを意識して描かないといけないのです。

おそらく、このような絵（図）を描く生徒はきっちりキレイに描いている意識のはずです。しかし、キレイに描くことに意識が先行してしまい、円の問題で、確実に押さえないといけない本質に注意がまったく向いていなかったのです。

この手の図を描く生徒は総じて、線を1本1本つなぎあわせるようにして描くため、なす形の意味を気にしない子が多いのです。

少々雑でもフリーハンドで流れるように描ければ、おそらくアイスクリームからは早い段階で卒業できます。

先生が授業中に描き始めれば、同じようにマネして描けばいいのです。**日頃から定規を使わなくても、大きさや長さ、角度の感覚が徐々に身につき、正解を出すための図や線が描けるようになります。**

コツは「辺の長さ」「対角線」「平行」「角度」などは色ペンを使って記号化し、用語を極力使わないことです。

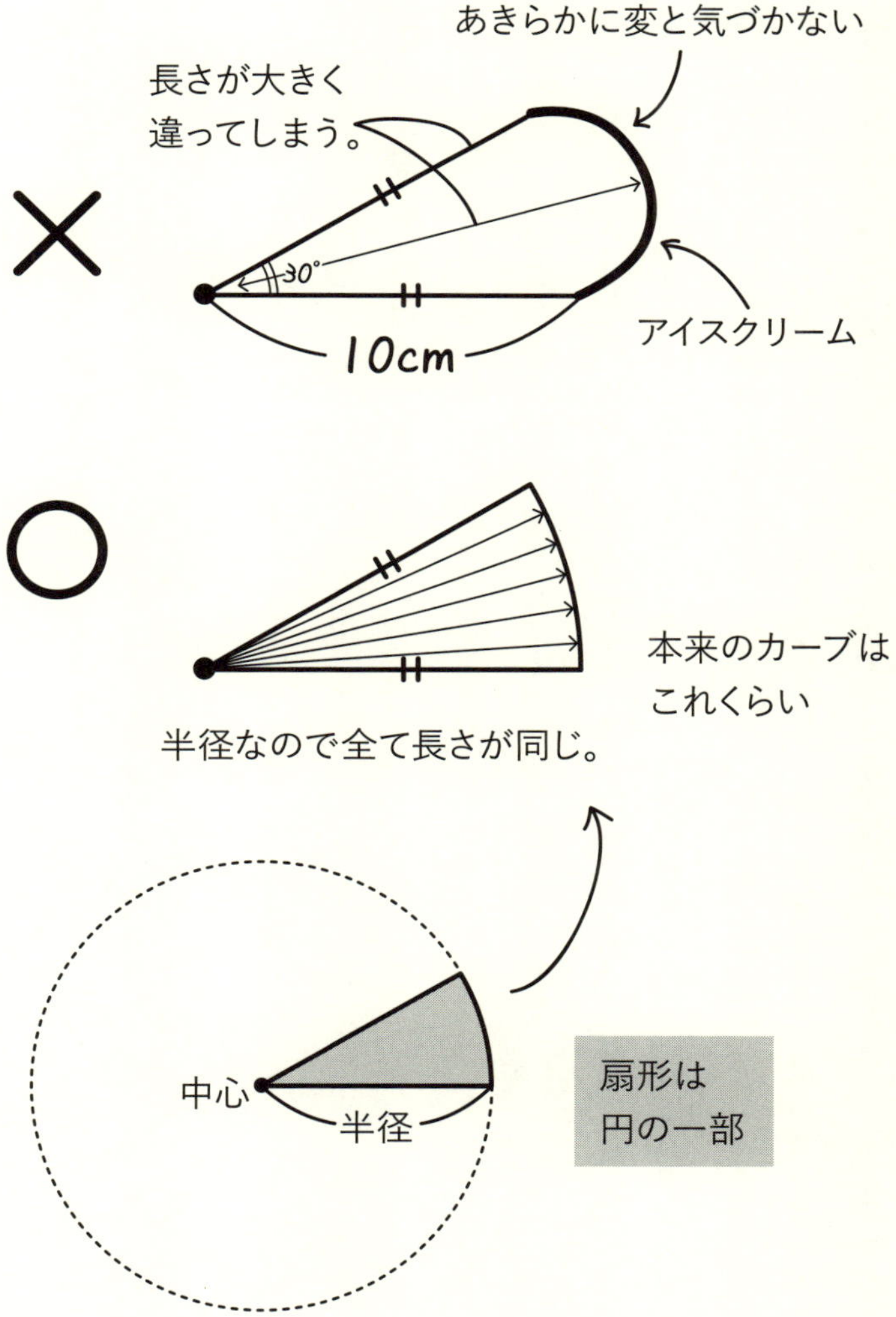
あきらかに変と気づかない
長さが大きく
違ってしまう。
30°
10cm
アイスクリーム
本来のカーブは
これくらい
半径なので全て長さが同じ。
中心
半径
扇形は
円の一部

☺ひと手間で高い再現性を持つノート

もう一つだけ図形の話を。

第1章で「生徒の多くがよく勘違いしているのが、黒板に書いてある『結果（完成形）』だけを一生懸命に写し」ていると書きました。一生懸命はいいのですが、むちゃくちゃな順番で書き写す生徒が結構います。

どういうことかというと、たとえば図形問題の解説において、チョークで彩られながら解答までたどり着いた板書の図をありえない順番で描く子です。

どう解いていくのか、どのように図が変化していくのかという〝流れ（過程）〟を自分で確認するためにも、授業の説明を聞きながら順に書き込んでいけばムダがありません。

一目で見てわかる公式程度ならかまいません。しかし、受験レベルのボリュームのある問題ならば、**答えまでのプロセスや流れがいかに重要であるか**ということです。

授業中のノートの書き方一つで、その理解度にエグいくらい差ができるということを子どもたちにもっと知っておいてもらいたいです。

とくに図形問題が苦手な生徒には図をたくさん描いてほしいのですが、そういう子に限って、なかなか自分で図を描きません。

ただ描け描けと言われても「上手に描けないから」と言い、**テキストの図に直接描き込んでしまう。そして、さらに描かないから図形センスも磨かれない**という悪い循環。

そのような生徒は、授業内容が入っていないのです。

授業内容が入るような図の描き方はちょっとした工夫だけで、劇的に変わります。

それは、**「過程（手順）」を言葉や番号で示してあげる**のです。自分だけがわかるように。

書けばいいだけのノートから、自分のためだけのノートを書くクセをつけてもらいましょう。

図形問題に限らず、解答の中で自分自身にわかるように言葉や番号を使い、自分への理解を深めています。

とくに私の生徒には、日頃からそのあたりは「また言ってるよ」と言われるくらい言いまくっていますので、ガンガン成績を上げていってくれる生徒は、まずノートの取り方が上手です。

それぞれが気づくポイントや注意箇所が違うため、自分のためのノートとなっています。

ですから、生徒のノートを集めて比較してみると、同じクラスの同じ授業なのに、ノートがそれぞれ違って見えるのです。実に面白いですよ。

イメージできるように簡単な一例を紹介します。

立方体の描き方です。今、お子さんは立方体をスッと描けますか？

おそらく勉強しているお子さんのほとんどは描けると思います。ただ、それは描き慣れているだけかもしれません。

では、正八面体はスッと描けますか？

「そんなのレベルが違う！」と思われるかもしれませんが、図形的な性質を理解して、図を描く子にとってはほぼ同じレベルです。

立方体はサイコロと同じで、どの辺も長さが同じ６枚の正方形に囲まれた立体です。

これを立体的に描くと、どうしても斜めから見た図を描くことが必要になってきます。

その時点で急に子どもたちは苦しみだすのですね。斜めから見た立方体を見て、「難しい」と感じるのです。

違いますよ！　**正方形をビヨーンと同じ長さ伸ばすだけ**です。

これを私の教え子たちのノートから引用すれば、102ページの図のような感じです。


まず何を描いて、次にどうする。

それを文章で書いてしまうと長いので、誰でも自分でわかるように、順番と記号だけをマークするのです。

また、記号や言葉だけでなく、少し太めの蛍光ペンで色分けするのもＯＫです。積極的に自分でビジュアル化できれば、文句なしです。

これで自宅で勉強し直すときにも、見返す意味が出てきます。まさに、今後に活きる再現性のあるノートというわけです。

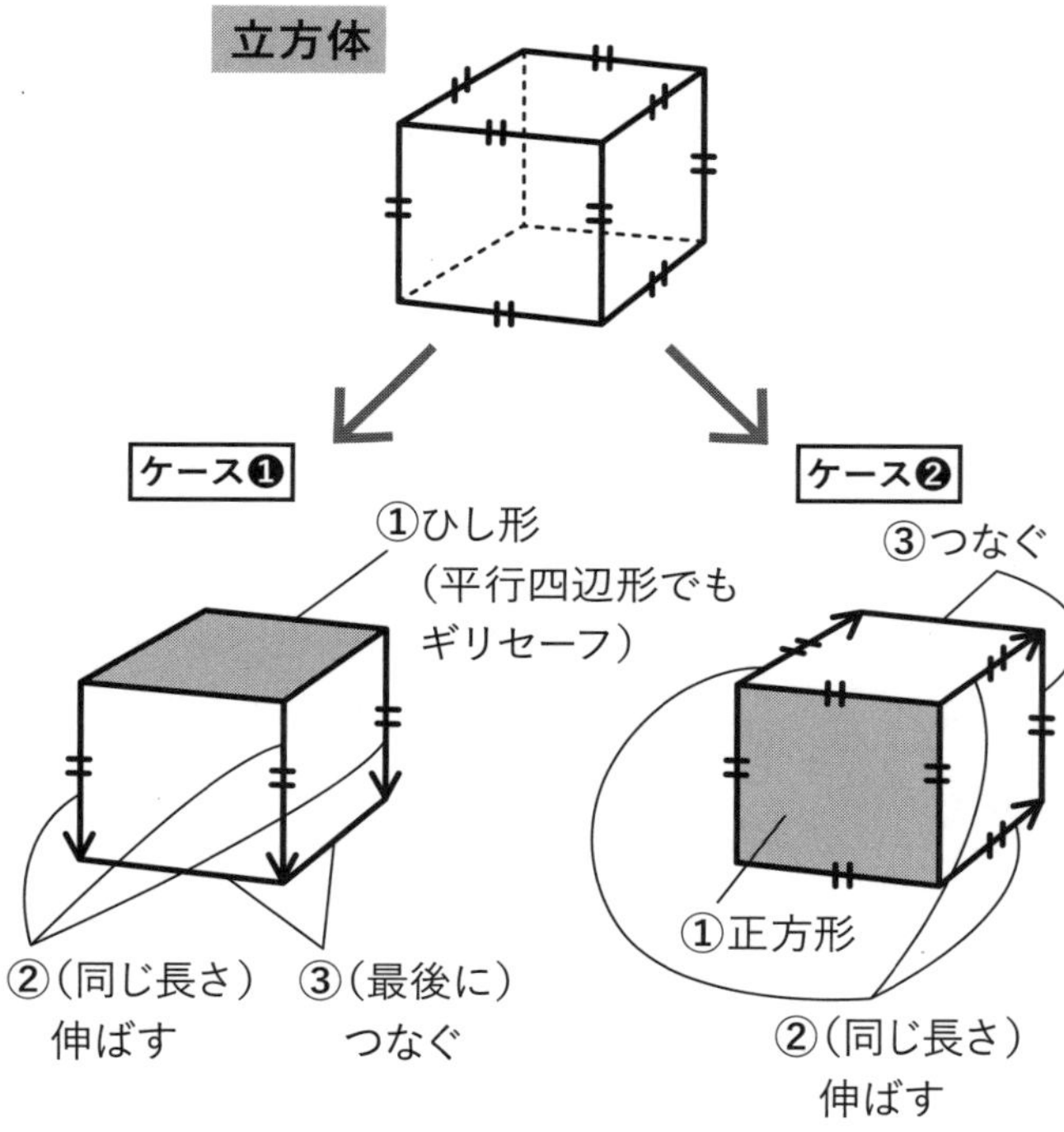
立方体
ケース❶
①ひし形
（平行四辺形でも
ギリセーフ）
②（同じ長さ）
伸ばす
③（最後に）
つなぐ
ケース❷
③つなぐ
①正方形
②（同じ長さ）
伸ばす

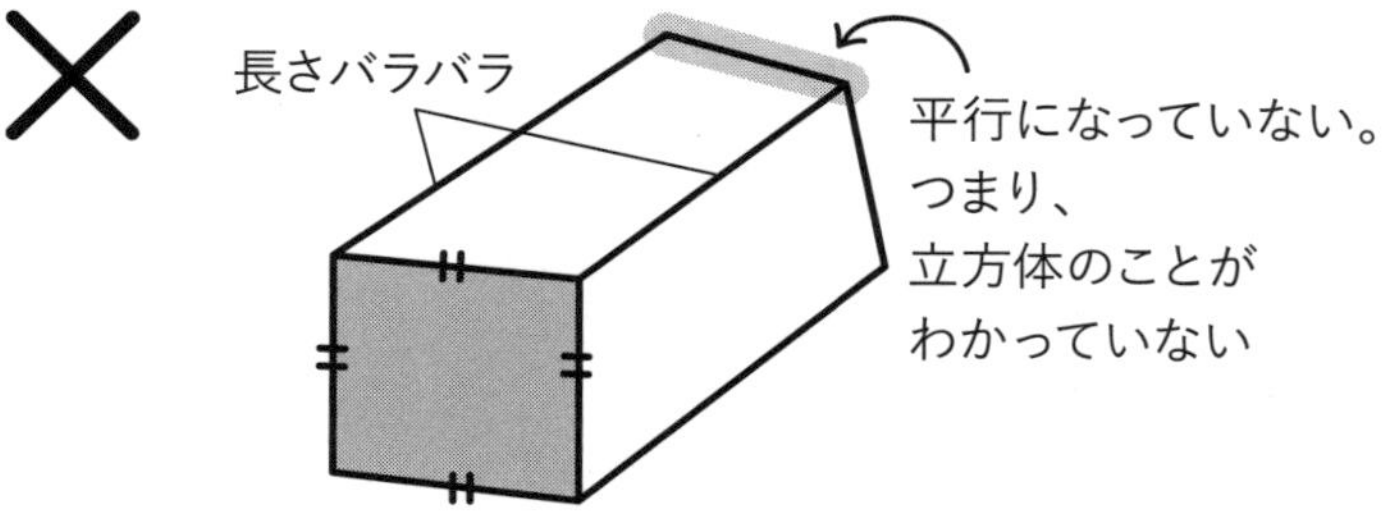
長さバラバラ
平行になっていない。
つまり、
立方体のことが
わかっていない

これを踏まえて、正八面体にも挑戦してください！
「どうしてもわからん」と質問があれば、私のところまで連絡ください。
ちなみに正八面体は、正三角形が8枚組み合わさった図形ですよ。

学力が伸びるノートの習慣13

できるだけ「定規」を使わずに、図形の性質を理解して「フリーハンド」で！

14

授業ノート編

NG ゆっくり丁寧に書いたノート

OK 情報の強弱をつけて書くのが速いノート

“ちゃんと”書くが目的になってしまうノート

子どもたちは小学校に入るとまず、「ノートはちゃんと書きましょう」と教わります。

この小学校低学年の頃に染み付いた、この「ちゃんと」の魔力は、なかなかとけません。これが非常にやっかいです。そもそも、「ちゃんと？ って、なんやねん」という感じですが。

「ちゃんと書きましょう」とは「丁寧に、そしてキレイに書きましょう」と解釈されます。

でも**子どもが「丁寧に、そしてキレイに」書こうとすると、間違いなく筆記スピー**

ドは落ちます。

筆記スピードが落ちると、受験勉強にとっては悪いこと尽くしです。

授業中の板書を〝写す〟のに出遅れる。後追いで授業を聞かないといけないため、授業を飛び飛びで聞くハメになり、次第にわからなくなる。

いわゆる、「ついていけなくなる」というやつです。ゾッとしませんか？　この言葉。

でも、そんな生徒、本当にたくさんいるのですよ。あまりに多いし、先生もイチイチ教えてくれません。

「子どもが頑張っている」と家で待っているお母さんやお父さんには到底気づけない部分です。

また、残念なことに、スピードが遅いからといって、それほど丁寧でもないし、キレイとは程遠い雑な書き方をしているのです。

あとで紹介しますが、優秀な生徒のノートの中には字が単純に下手な子がいます。

よって、一瞬同じように見えるのですが、下手と雑ではまったく違います。そもそも書いている中身の質が違います。

書くのが遅い子は、授業時間はノートを書く時間だと錯覚しています。

あとから見返して、本人でもわけがわからないことを書いているノートは、まず理解して書いていません。先生の話を聞き流しているからです。

講師目線で「この子、遅れ気味だなあ」と感じていても、恐ろしいことに本人は遅れていないと思っています。

なぜだと思いますか？　それはノートを書く時間には間に合っているからです。すべてが遅く、後追いのはずだけれど、本人はまったく焦っていないのです。こちらがまだ板書もしていないのに、鉛筆を持って「さぁ、次は何を書くんですか？」とスタンバってかまえている強者もいます。

これだけが原因ではないけれど、中学受験をする家庭に親子げんかが絶えないのは、このような子どもと親の感覚のギャップもその一端のはずです。

親がノートを見て、「習っているでしょ？」の言葉に対して、「わからない～」や「そんなことない」としか言えない子ども。日々こんなやりとりが日本中を飛び交っているのです。

いったい、どうすれば書くスピードも書いている質も上げることができるのか?

それは**ムダなことを書かないという習慣をつけることです**。

前著『たった5分の「前準備」で子どもの学力はぐんぐん伸びる!』(小社刊)でも書きましたように、授業前にその日の内容(テキスト)を軽く見ておくのです。

そうすれば、授業でテキストに書いていることとまったく同じだなと気づけば、そこはもうノートに書かなくていいはずです。まずは、そこから。

これは時間短縮のためでも、子どもにラクをさせるためでもありません。

余裕が生まれた時間で、講義の先生の声を漏らさず聞いてほしいからです。そして、その場で考える時間に使ってほしいのです。

事前の準備と授業に耳を傾けることで、何を書いて、何を書かなくてもいいのかは自然とわかってくるはずです。

書くスピードが遅いのは、ほぼ〝写す〟だけが目的になっているから。ノートを書くだけなら十分すぎるほどの時間です。だから、ゆっくり書いてしまう。

とにかく、〝すべてを書き写す〟から脱却しましょう。

😊情報の強弱をつけて落とし込んでいるノート

ノートをキレイに書こうとすると、基本的に書くスピードが落ちてしまいます。しかし、比較的キレイに書いているにもかかわらず、優秀な生徒は速くノートに書いている印象があります。単純に手を動かすのが速いというのもあります。ダラダラはしていません。手際がよいです。

ですが、大きな理由はそんなことではありません。実は、書いている分量は遅い子とそれほど差はありません。むしろ、すかさず注意点などをメモっている分、多いかもしれません。

その理由はタイミングです。書くときはさっと書き、今は聞くときだと察知すればしっかり聞く。

全体を見渡しながら授業をしていると、大事な説明のところで私と目が合う回数が圧倒的に多くなるのがそういう子たちになります。サッと書いて、顔を上げて聞いているという印象をこちらに持たせるくらいに感じます。

そういうのは日頃の態度や姿勢からもだいたいわかりますが、やはりこのような生徒は指導を受けていくうえで有利です。

私はいろいろなところでこの話をよくするのですが、教えている先生も人間。前向きに聞いている生徒はどうしてもかわいく見えます。注意して見てあげようかな、と思ってしまうのは自然です。

よく話を聞いている子は、とくに先生が強調していない部分でも、必要であればマークをしたり、ノートと並行してテキストに書き込んだり、自分の中で情報の強弱をつけながら、その後の学習に活かすノートにしています。

タイミングよく速く書ける子は、多くの情報を頭の中で処理しながら、「次は何を考えようか」という段取りができているのです。

つまり、筆記スピードが思考のスピードに追いついているから、問題を解くスピードも速くなるとも言えます。

逆に、書くのが遅い子は、処理スピードもそれに比例して遅くなる。よって、問題を解くスピードも落ちてしまいます。おまけに、集中力も落ちます。

何度も書いていますが、自分の言葉でメモをしている子は間違いなく、その時間は頭を使っている。自分だけのメモを取ることで脳の活動をより活発にさせているのです。ノートを取る〝だけ〟の生徒と成績がどんどん開いていくのは、至極当然なのです。

学力が伸びるノートの習慣14

テキストに載っているような情報はなるべく省いて、筆記&思考スピードを速く!

15

演習ノート編

NG 赤ペンで答えを書き写しているノート
OK アウトプットの跡が豪快なノート

ここからは、子どもたちが主にアウトプットに使う演習ノートについて、お伝えしていきます。

演習ノートとして、自主的にノートを使っている生徒は非常に少ない。なぜなら、受験生は日々、塾から出される宿題に追われている子が圧倒的で、大方は、宿題ノートがその位置付けとなっているからです。

赤ペンで染まっているノート

私がこれまで見てきた生徒の宿題ノートは軽くのべ2万冊は超えます。その中には、見ていて惚れ惚れするノートや、ほかの生徒のお手本になるくらい素晴らしいノートがあります。

そんなノートに出会ったときは、つい思わず、「これ、買い取りたいわぁ〜」と、その持ち主の生徒に冗談を言ってしまいます。

それとは逆に、「なんで同じ授業受けていて、こんなに違うねん？」とうっかり言ってしまいそうになるほどダメダメノートが山のようにあります。

そんな**ダメダメノートの中で最も多いのが、少しでもわからない問題には自分の答えを一切書かず、解答を赤ペンでキレイに写してくるノートです。つまり、鉛筆と赤ペンのほぼ2色で書き分けられたノートです。**

知っている簡単な問題だけを鉛筆で解き、それ以外は途中まで考えて書けそうでも一切書かず、赤ペンで解答を書き写してきます。

解きながら「あっ、これは微妙」「ムズイかも」と瞬間で方針転換を全開でしてくれるのです。

ヒドい生徒は（このような生徒がものすごく多いですが）、鉛筆で書いた答案の最後の答えが違うという理由で、キレイに消しゴムで消して赤ペンで上塗りするように書いてきます。

そのような学習スタイルの生徒は、まず苦手か、伸び悩んでいる生徒。したがって、必然的に赤ペンエリアが多くを占めてしまうのです。

とにかく「(自分の解答を消しゴムで)消すな!」とノートに激しく怒りのコメントは入れますが、この手の生徒はなかなか改善されません。

その理由の多くは、**「宿題をやること(終わらせること)」がメインテーマになってしまっている**からです。

さらに傾向として、よく見られたい生徒、ごまかしたい生徒、そして親に宿題を厳しくチェックされている生徒です。

そんな厳しいチェックをするお母さんたちは、「うちの子、全然わかっていないので、先生からも厳しく言ってやってください」と私たち講師にも訴えてこられます。

しかし、大事なアウトプットがこれでは簡単にはいきません。

まず、**せっかく書いた自分の答えは絶対消してはいけない!**

これはその瞬間、形はどうであれ、その子が出した答えであり、成長途中の足跡です。たとえ間違えていても吐き出すことで気づくことがいっぱいあります。それはその本人しかわからないこともあります。それを遮ってはいけません。

「なんで、これできないの？」
「なんで、もっと早く終わらないの？」
と日頃から言われ続けると、子どもはいつしか、「じゃあ、早く終わらせよう」という意識に変わっていくのも当然なのです。

こちらもその子の足跡である考えた答えを見なければ、的確な指導も難しいのです。さすがに全部消されてしまっては、最悪お手上げです。

体操教室で、「とりあえずマットで前転してみて」と言っているのに、何も動かない子に対して、「どう指導しますか？」と言うのと一緒です。

前転するのにマットに手をつけずにいきなり頭から突っ込んだら、「まず手を使おうか」と指導できます。しかし、動かない子に、「先生、うちの子、体操できないので、何とか指導してください」と言われても、お母さん、こっちも困ります、ということです。

その根底には子どもに失敗をさせたくない、許さないという親の思いを強く受けます。

しかし、赤ペンだけで解答の丸写しを続けているうちは、成績の上昇カーブはありえないのです。

アウトプットの跡が豪快なノート

ノートは自分本位であって全然かまわない。むしろ自分の書きたいように書いたほうが、本人にとって絶対活きたものになるはずと考えます。

それだけに先の例に挙げたような子どもが多くいることを残念に思うのですが、反対に、もうちょっと他人の目も気にしろよ！　というくらい、荒々しく自分の考えをぶつけているようなノートもあります。

それくらい自分を吐き出せる子は、まず大丈夫。こちらが心配しなくてもどんどん成績を伸ばしていってくれます。

だいたいの特徴としては、字も比較的大きめで、しっかりとした筆圧。それは「速く書かないと、思いついた式や図が頭から消えてしまうよ〜」と言わんばかりです。見た目は荒々しくても、そこに書かれている思考や解答の流れは繊細に書き出されていたりします。

以前指導していた塾の生徒で、急いでいるからなのか、勢いがあり余っているからなのか、使い方のあまりの豪快さに、思わず私は、

「今日も絶好調やな、漁師飯《りょうしめし》ノート！」

とつぶやいたのを当時、隣で聞いていた他教科の先生が爆笑していました。

内輪の話ですが、先生間で安心できる生徒の話題になると、明るい雰囲気になるんですよ。それだけ基本的には、何らかの悩みや不安要素を抱えた生徒を日々多く抱えているのです。バカにしているのではなく、たまにはそんなことも言ってみたいんですね。ちなみに、その生徒本人もその言われ方、気に入っていました（笑）。

話を戻しますが、「漁師飯ノート」という言い方をしたのは、それくらい「俺の解答どうや！」感が出ていたからです。

ノートを有効に使えるその子は、間違えた場合の見直し方も素晴らしいです。

テストでもなんでもそうですが、間違えたとき、ほとんどの生徒は、まず解答を読みます。

しかし、彼は「なぜ？　どこが？」と先に自分の答えに目をやるのです。

途中まで頑張った形跡がわかるノートなら、なぜここで止まってしまったのか、何につまずいたのか、そこを手がかりに原因や理由がわかります。

ミスがあればそこを見つけて、確認する。至って普通なようですが、これが皆できません。

解答を必死に頭にダウンロードして、未完の自分の考えに上書きしてしまいます。

それでは「これまでやってきたのは何の勉強よ」って感じと思いませんか？

その子がそのようなある意味、自由にノートを使えていたのは、彼のお母さんがあまり勉強に口出ししていなかったということが挙げられます。ただそれだけなら、ただの自由奔放になりますが、日常生活においてのけじめやメリハリには結構気をつけていらっしゃいました。

好きなだけ遊んでいいけど、いわゆる〝やるときはやる〟をしっかり実践されていたのです。

学力が伸びるノートの習慣15

間違いは消しゴムで消さない。わからない問題でも頑張って解いた形跡を残す

16

演習ノート編

NG 使い終わったノートは捨てる
OK 「学習の成長記録」として活かす

黒板の丸写しノート

「最後まで使い終わった」

と言って、ノートをあっさりすぐ捨てる子がいます。

ありえないです！　「絶対にやってはいけませんよ」って言うのもバカバカしくなるくらい当たり前のことだからです。

基本的に生徒が使い終わったノートを捨てたかどうか、私はイチイチ確認しませんが、ヒョンなことから知ることがあります。

質問を受けたとき、以前指導したところまで遡って教えないといけないときに、何気なく「前のノートがあるやろ?」と言うと、あっさり「そんなん捨てました」と平気で言う生徒がいます。正直、それを聞かされると呆《あき》れ返ってしまいます。「なんで捨てるの?」と声にもなりません。

捨てていなくても、「どこ行ったかな?」も同じです。

いつでもすぐに使えるから意味があります。家にはあるけど、どこにあるかわからないというのでは、何の役にも立ちません。ただ取っておくだけなら、残念ながら捨てたのと同じです。

そんな状況になるのは、いかに普段からノートを活用していないか、ということです。

つまり、活用もしないからノートに対する扱いが雑になる。したがって、最悪なのが、そこに書き込む中身の一つ一つに重みがないので、頭にも残らないのです。

私が言いたいのは、**これまで書きとめておいたノートをどんどん見返せ!** ということです。

演習ノートの役割は、アウトプットに絶対必要な理解度のチェック。そして「記録」

するためにあるのです。

どんな成績でも、どんな学年の生徒でも、そのノート1冊の中にはたくさんの情報が詰まっています。その情報は自分自身でも気づかないようなことまで入っています。たとえひどい取り方をしているノートでも、そのノートは絶対にほかに取って代われない、貴重な情報の宝庫となっているのです。

その子自身の学習の成長記録です。絶対に置いておかないといけません。

☺「学習の成長記録」として活用する

仕事でも勉強でも、使う1冊のノートは、だいたい紙30枚で両面60ページ分。10冊あれば600ページ、100冊なら6000ページです。受験生が5年生から勉強すれば、全科目トータルで優に100冊は超えます。

ほかにはない6000ページ分の記録、捨てますか？　絶対、捨てませんよね。

ノートは使いやすいように30枚ずつに分けられているだけ。

本来なら、今まで使ってきたノートすべてひっくるめて「1つのノート」なのです。

それはまさに、**自分が勉強してきたさまざまな「記録」を順番に残しているもの。**

それが次への成長の武器となるはずなのです。

自分の歩んできた過程で、どう成長してきたのか？　また、どうつまずいたのか？

自分の伸びしろを知る弱点も、それを見れば教えてくれます。

絶対、これまでのノートを断捨離《だんしゃり》せず、最重要アイテムとして引っ張り出してください！

学力が伸びるノートの習慣16

自分の学習軌跡が残されているノートを見返して、そのとき気づけなかった自分の伸びしろを見つける

17

演習ノート編

NG ムダが多いノート
OK 必要のない情報を「省ける」ノート

「それいる？」というムダな情報まで書いている

宿題ノートのチェックをしていると、パッと見で、たぶん、このままではこの子、ちょっとしんどいだろうな、と思わせるものがあります。

そのなかで、ちょくちょく見かけるのが、非常にムダが多いノートです。

宿題ノートなので、ほぼ問題演習。だから、じっくり熟考するものは置いておき、早く答えが出せるものはさっさと出して書くことが必要です。アウトプットの最終目的は、待ちかまえているテストのため。したがって、極力よけいなものはそぎ落として解答したいところです。

ですが、マジメすぎるのか、要領が悪いのか、ムダな（重要度の低い）ものでも一生懸命ノートに書いている子がいます。

たとえば、図形問題の「三角形ABC」や「四角形DEFG」「角EDA」に記されている**辺や面のアルファベットを図中にわざわざ書く必要はありません**。私も授業の板書では、ほとんど書かないようにしています。

図形が複雑になればなるほど、書き込まないといけない文字も多くなり、**図形把握の妨げとなります**。そのようなノートの書き方からも算数が苦手な子に多いので、よけいに記号がいっぱいの図を見ただけで難しいと錯覚し、思考停止してしまうのです。

そんなときこそ、**蛍光ペンなどを使って、よけいなものを書かないようにすればいい**のです。

ほかに多いのが、その子のレベルなら暗算できる計算式をわざわざ書いてみたり、筆算を書く子です。

以前、当時5年生の子で、「5＋8」をノートの隅っこに筆算していました。

これを見て、「あのな、これいるか？　なんでもかんでも筆算、書きすぎちゃう？」と注意しました。

その子は「でも、筆算を書かないとできない」と言っていたのですが、実は違います。彼のレベルではそんなことありえないんです。決して成績が悪い子ではない。

では、どうしてそうなったのか？

それは彼が**計算するとき、常に筆算を書くのがクセになっていた**からです。

つまり、できないのではなく、ただのクセです。あえて〝ただの〟と言っておきます。意識すれば十分直ることだからです。

私はそういう生徒にはいつも、

「いやいや、できないんじゃない。いつまでも書いてるから直らんねん。多少時間はかかってもいいから、暗算な！」

と指導しています。

これまで誰にも指摘されなかったのは、なまじ正解してきたから。私に言わせれば、たとえ正解していても、こんなのでは先につながるわけない！　と多くの経験からわかるのです。

書く必要のない式や数字は、はっきり言っていろいろとムダです。計算式を書く手数が減れば、結果的にスピードアップだけでなく、正答率も跳ね上がります。

☺「よそ行きのノート」から卒業できれば、点が伸びる！

残念なノートがある一方で、「このノート、いいなあ」と唸《うな》らせるものもあります。ぜひ、参考にしてほしいので紹介します。

それはノートをめくると、それはまるでテストの答案や計算用紙かと思わせるような躍動感のあるノートです。

前項とは反対に、**解答によけいなものが書かれていない**のです。

先の例に示したムダな（重要度の低い）ものでも一生懸命書いているのは、言い換えれば「よそ行きのノート」。誰かに見せる用です。

それに対して、実践を意識している様子がページ全体に繰り広げられています。緊張感の中で、時間とにらめっこしながら問題と対峙するテストさながらのような書き込みです。

計算用紙代わりに隣のページや空きスペースで計算をし、間違えた解答を消しゴムでキレイに消し去るようなことを決してしていません。自身のすべてをそこに注ぎ込んでいるようなノートです。

よって、生徒によりますが、見た目は少々雑、格闘した鉛筆の消し残しは、その子の思考を時間差で追っかけているようで、肩入れして応援したくなります。

そのようなノートは、同じ紙なのに、そうでないのと比べて、なんとなく厚みを感じます。込めている気のようなものなんですかね。こればかりは私自身の感覚なので、伝わりにくいかもしれませんが、持った感じもぺらぺらのノートではありません。

数年前、指導していた教え子のお母さんから、

「いつも汚い字なのに、丁寧に見ていただいてありがとうございます。もっとキレイに書かせます」

と言われました。

もちろん私は、「いえ、これでいいんです。これを変えると、彼の今のよさが消えちゃうからこのままで！」と言うと、びっくりされていました。

ずっと低学年の頃から、学校でも塾でも、

「丁寧にキレイに書きなさい！」

と言われ続けてきたらしく、その生徒のお母さんも気になっていたようでした。

私に言わせれば、「どこを直すの？」という感じでした。ちょっとだけ〝字が上手でない〟という感じでした。

「読めています！　大丈夫です！」と伝え、その後も彼のノートからは躍動感、そして目に浮かぶくらいのスピード感を感じさせてくれました。

学力が伸びるノートの習慣17
よけいな文字や数字、暗算で解ける計算式などは書かない

18

演習ノート編

NG 誤字だらけで字がぐじゃぐじゃなノート
OK 自分で問題解決する自立したノート

幼稚なノートの原因は過保護だった

ある地方に住んでいる小学5年の男の子のお母さんからコンサルティング依頼があり、受験指導をすることになりました。そこで、手始めにその子の使っている教材や授業ノートまで見せてもらったとき正直、びっくりしました。

これまで多くの子どもたちのノートをたくさん見てきましたが、その中でも彼のノートは学年を見間違えたのかと思うくらい非常に幼いノートだったのです。

誤字脱字はもちろん、漢字で書けるところもほとんどひらがな。ノートのマス目に関係なく書くのはいいとしても、大きい字や小さい字がその日の気分でランダムに書かれている。さらに左右に乱れて、そろっていない。つまり、幼稚極まりないのが丸わかりのノートだったのです。

これでは、勉強どころではない感じです。そのお母さん自身も、「これが受験生だなんて、よそでは恥ずかしくて言えません」とおっしゃっていたくらいです。確かに、根本的なところからだな、とすぐわかりました。

彼の当時の第一志望校は、その地方でナンバー1と言われている進学校です。通塾している地元の塾では、これから頑張れば大丈夫だと言われているとのこと。

しかし、私はこう言いました。

「お母さん、塾のジャッジはかなり甘いと思いますよ。お子さんのノートは明らかに5年生が書くノートではない。そもそも男の子は幼い子が多いのですが……それにしても」

そして、ノートをよく見ていくなかで、ところどころ気になった箇所がありました。「もしかして、これかな?」。続けて私はお母さんに、

「違っていたらすいませんが、普段の生活でも幼いところがあったりしますか？　それゆえ、お母さんが何から何までやってあげていませんか？」と聞いてみました。

するとと、これが図星でした。

そのお母さんがお子さんに日頃どんなことをしてあげているのか聞いてみると、勉強の計画、学校のカバンの中身の用意、宿題の丸つけ、テストプリントなどの整理など、簡単に言えば、その子しかできないこと以外は全部お母さんが何から何までやってあげていたのです。

はっきり言って、これではいつまで経ってもこの子は成長できません。少なくとも、同学年の子よりいろいろな意味で後れを取るのも当然だったのです。

そこで私は、「これは手を出さないでください」「ここはほっといてください」と逐一言い続けました。心中は「これ」「ここ」ではなく、「全部」って叫んでいましたが（笑）。

彼に限らず私のコンサルティングは、少々厳しいですが、ガンガン言っていきます。それは結局、親も子も第三者に言われないと気づかない部分が多いからです。

親だからこそ冷静になれないから、誰か言うべき人間が必要なのです。本来は、日頃通っている塾の先生にしてほしいところですが、なかなか難しい現実もあります。

ノートに表れた幼さは、間違いなく日常生活の表れです。

彼のように生活面で何から何までやってもらうようなお子さんは、受験勉強にも必要な思考力に乏しいことが本当に多いのです。その都度、自分で考えなくても、お母さんが全部用意してくれるからです。

そんなの全然関係ない！　なんて思ったら大間違いですよ。**問題解決に必要な先読みや工夫する芽を、親がキレイに摘み取っている**のです。

☺自分で考え、工夫する自立したノート

「**ノートの書き方はガミガミ言い続けても、そう簡単に変わりません。**まずは、彼が幼いので、生活面から変えていきましょう。生活はそのままで、勉強だけできるようになってほしいなんて、それは虫がよすぎますよ。まず、お母さんが変わってくださ

い」とお伝えしました。

すると**徐々にですが、生活面の変化から彼のノートが次第に変わっていきました。**

もちろん、ノートだけでなく成績にも変化が出てきたのは言うまでもありません。

私は「ノートをこう書け」などという指導はまったくしていません。生活態度を変えてもらっただけです。

このような場合、ノートの書き方だけ注意してもまず変わらないからです。

彼もご多分にもれず、簡単な計算も暗算せず、筆算をしていたクチです。そこは映像授業と夜な夜なのナマ説教という荒ワザで指導しました。

結局、彼は四谷大塚の偏差値で50台前半から60台後半にまでアップ。たった2年で見事な変化と成長を遂げ、最後は第一志望校にラクラク合格してくれました。

学力が伸びるノートの習慣18

幼稚な「字や書き方」を変えるより、自分のことは自分でする「生活習慣」を変える

19

演習ノート編

NG 基本問題しかやらないノート
OK 基本と応用の両方向からやるノート

基本問題だけを繰り返しやることで力がつく？

一生懸命に勉強しているのに成績が伸びる子と伸び悩む子が出てくるのはなぜか？

理由はこれまでもお伝えしてきたようにいろいろですが、ノートから読み取れることがほかにもあります。

それは基本問題や例題の扱い方です。

頑張っているけど伸び悩んでいるのは、テキストの基本演習をボロボロになるまで何度も繰り返してやっているタイプの子です。

このような子が**なぜ伸びないかというと、基本ばかり覚えるくらいやりすぎて、考えることをしなくなっているから**です。

「基本は大事」「基本問題を繰り返しやることで力がつく」と言われるのをよく耳にすると思います。だから、意外に思われるかもしれませんね。

たとえば進学塾でも、1回でも間違えたら「基本を身につけるために、繰り返しやりましょう」と言われるので、勉強のやり方がわからない子や不器用な子、素直すぎる子は何度も繰り返して基本問題を解いてきます。

同じ問題を何度もやり続けると覚えてしまう。それがすべてダメではありません。必要なこともあります。しかし、苦手な生徒はとくに本質は度外視で形だけを暗記してしまいます。

問題の本質は何か、この問題で何を聞かれているのかがわからず、ただ上っ面だけの解答を書いて、実は何を聞かれているのかわからないでやっている子もいるのです。そうすると応用問題ができなくなります。だから、ちょっと問題を変えられたらもうアウトなのです。

☺基本と応用の両方向から実力をつける

誤解のないように言っておきますが、基本は大事です。

基本はおろそかにしてはいけないのですが、**応用問題になるとできなくなるのは、応用問題から基本問題を見る、ということをしていないからです**。応用問題をやってみて初めて、基本の何を使うのかがわかるのです。

たとえば、バッティングセンターで球を打つ練習も必要だけど、実際のゲームでピッチャーが投げてくる生きた球を見て初めていろいろと気づくことがあるのと同じです。

したがって、たとえできなくても、応用も一緒にチャレンジする必要があるのです。

自分が〝知っている〟レベルの問題しかやってこない子の特徴は、応用になった途端に白紙になること。問題をやろうともしないのです。本当はよく見ると解ける問題もあるのに、見た目だけであきらめてしまいます。

私は趣味でマラソンをするのですが、たとえば１㎞を5分で走る練習を1年も2年もずっとしていたとします。では今度は1km4分で走れるかというと、走れません。簡単です。4分で走る練習をしていないからです。とにかく、ハアハアと息を切らしてでも4分で走ってみないと、いろいろな走り方の違いに気づきません。そのリズムで走ってみて初めて、姿勢や腕の振り方、足の着地方法が違うかな、と気づくことが増える。勉強の仕方も同じことが言えるはずなのです。

学力が伸びるノートの習慣19

基本問題をするだけでなく、応用問題から基本問題を見て初めて力がつく

第3章

勉強の効率に差がつく！
すごいノート・テクニック

たった2行のメモでわかる受験算数の裏ワザ

20

授業の終わりに「今日学んだこと」をたった2行書く！

この章では、すぐにできるノートテクニックをご紹介していきましょう。

それは「子どもの理解度を上げるノート」のテクニックです。

テクニックと言うとかなり大げさですが、今日からできる簡単なこと。**簡単なのに学習成果が爆増するノートの使い方です。**

それは授業が終わったらすぐに、「今日学んだこと」と題して自分の言葉でラストのページにたった2行書くだけ。

塾でも学校でも授業が終わったら、そのページの最後に「初めて知ったこと・今日習った一番大事なポイント」などを書き入れておきます。

これを習慣にしていれば、のちにマジで相当違ってきます。

すぐに振り返ることによって頭の中を整理する

たとえば、できるビジネスマンはメモを欠かしません。そして手帳かスマホか形は違えど、このような振り返りをしています。

私の周りの異業種の方でも、できるなあと思う人は、よく手帳に書きとめていたり、人によっては日記にされている場合もあります。

すぐに自分の手で書きとめる作業というのは、いろんな意味で利点があります。すぐに振り返ることによって、忘れてしまうというリスクが減ります。また、それまでの自分の頭にあることがその瞬間、整理されるのです。

重要なことの確認、あとにまわせることができる案件かどうか、不明な点や調べておかないといけないことかなど、早く処理しておくことによって大きなミスを回避できます。

子どもの授業でせっかくいろいろなことを学んでも、ただ書くだけのノートではなく、積極的に頭に入れようとするノートにさせるためには、毎日のちょっとしたルーティンのヒントを与えてあげるべきと考えます。

例）「〜〜の問題」→〇〇に注意！

といったように、**学んだことのポイントや、先生が授業で「ここは重要」といったこと、さらに言えば授業中の気づきや感じたことなどを自分の言葉で手短にメモっておきます。**

「2行」にしている理由は、ただの目安です。その都度の習慣にしていくことなので、続けていけるくらいのちょうどいい分量ということです。

「1行」にしてしまうと、下手をすると子どもによっては一言で終わってしまうからです。まあ一言でもいいのですが、気合いを入れて聞いた授業がたった一言で終わることはまずないからです。

本当にその時間がしびれる授業で「感動した！」の一言なら、それはそれでガツンと残っていると思うのでいいと思いますが（笑）。

まじめな話、「今日学んだことを書いて」と言うと、生徒の中には、

「今日は〝速さ〟を習った、以上！」

みたいな子も必ずいるからです。

2行にすれば、いくらか書きとめないといけないため、さっとその**一瞬、授業を頭の中で振り返る**はずです。または、テキストやノートをめくるはずです。それが実は一番の狙いでもあります。そして、自分の中でのポイントを記録という形として残しておける。

いつか見返したときに、「ああ、このとき、こんなところでわからなかったのか」や、「それくらいしか考えられていなかったんだな」など**自分の成長の軌跡も得られる**のです。

面倒くさがる子もいるかもしれませんが、これは習慣づけですぐに慣れます。

重要なので改めてもう一度。

このたった「2行」書きとめる目的は、学んだ学習効率をこれまで以上に上げるためです。

「その時間、どんなことをし、どんなことを知ったのか?」、あるいは、「以前からの疑問が今日も解消されなかった」という反省など、子ども自身に**頭の中を整理させることにより、授業時間がこれまで以上に活きた時間になる**はずなのです。

「黒板を写すことに気が行きすぎて、ポイントがわからなくなった」というようなこれまでの反省を徐々になくしていきましょう。

大人顔負けのメモを取ることで、その時間の意義を自覚してほしいと思います。

ちなみに、子どもがちゃんと授業を聞いているかどうか気になるというお母さん、お父さんに私がいつもおすすめしているのが、

「授業でどんなことを習った?」

と聞いて確かめる方法です。

聞かれた子どもは、その内容を思い出そうとしますから、その間に混在している頭

の中の記憶が整理されて、より強固な記憶として子どもの中に残ります。

ただし、答えられるのは授業を聞いていて頭の中に残っている場合。答えられなければ、授業を聞いていなかったということになります。

もし答えてくれなかったり、答えられなかったりしても、子どもを怒らないでください。

目的は、子どもに勉強の意欲を持たせたいということですから、あきらめずに折にふれて「今日、何を習ったの?」と聞いてみてください。

やったことを簡単でいいから振り返ることによって、この先の自分に必要なこと、足りないことがわかってきます。

これをノートによってできるのが「今日学んだことを2行書く」テクニックなのです。

学力が伸びるノートの習慣 20

授業直後に、たった2行メモ!「今日学んだこと」を振り返る

21

「角度」の問題は、角度を書くな！

とくに、下手なノートの書き方が目につく図形分野から4つの例で示していきます。

まずは、角度の問題から。角度の問題で、やってしまいがちなムダな作業。それは、片っぱしから角度を書いてしまうことです。

苦手で、よくわかっていない子ほど、とにかく答えに直接関係ない角度を書きたがります。

たとえば、角度の問題で正方形や正三角形があれば、90度（直角マーク）や60度があちこちに見えます。それを問題で聞いている角度と関係があろうがなかろうが、手当たり次第に書き込んでいくのです。

私は、「角度の問題だからこそ、角度は書くな」と授業で言っています。角度ではなく形、つまり辺の長さに注目！　させる問題が多いのです。

なお、角度を書くのがムダというのは中学受験レベルの問題。小学校の教科書レベルの問題であれば、角度は書いてもかまいません。

次のページから、私が授業で教えている問題解法テクニックを、紙上で再現しましょう。

「うちには中学受験は関係ない」という方も、頭の体操、クイズ感覚でチャレンジしてみてください。

問題1

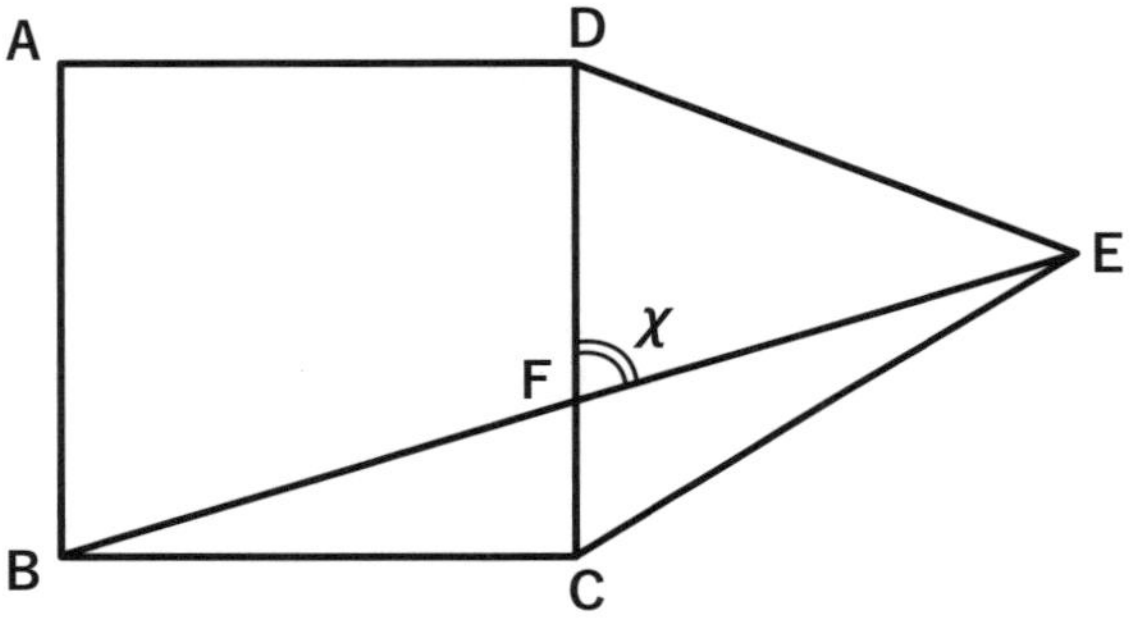

C

図は一辺の長さが同じ正方形と正三角形。
χの角度は？

NG

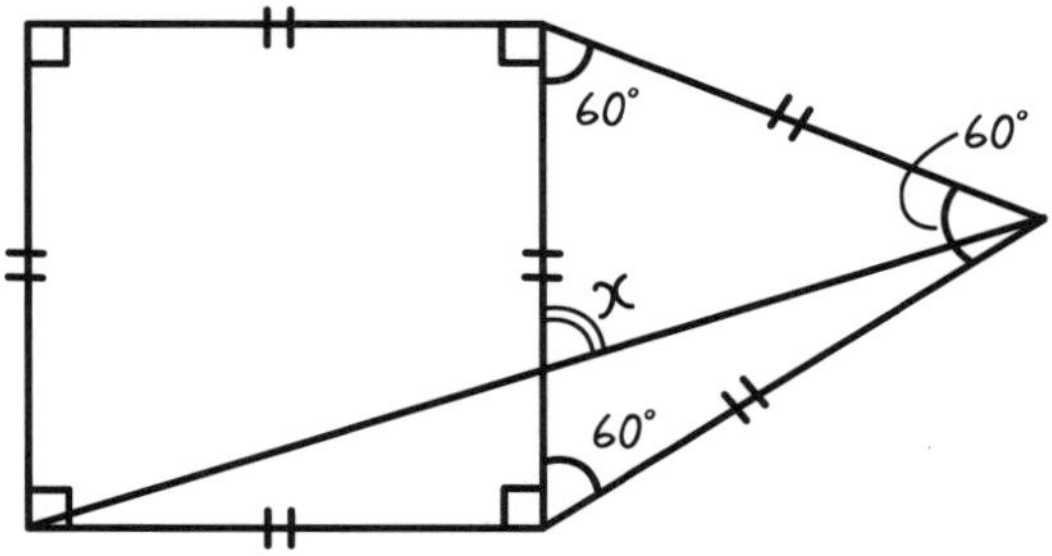

角度を片っぱしから書き込んで、
お手上げになる。

NGパターン

角度の問題なので、わからない生徒は正方形の90度と正三角形の60度を片っぱしから書いてしまう。

←

これダメ!

なんで正方形や正三角形とキレイな形の図を組み合わせているのか、考えなさい!

ということです。ほかに隠れた図形を探せ!!

まず、角DFEをどの方法で求めようか検討。何通りか考えられるけれど、ここでは外角を使う方法で。

角ECF＝60度（正三角形）角DFE＝角ECF＋角CEFとなる。

つまり、角CEFだけ求めればいい。

角CEFだけど、ここでなぜこの問題は正方形や正三角形が絡んでいるのか?

それはその性質を使うから!!

ということで、この2つの図がくっついているからお互いの辺の長さが同じとわかる。

ここで、二等辺三角形ＢＣＥが見つかればＯＫ。この角度に注目！

角ＢＣＥ＝90度＋60度＝150度

よって、角ＣＢＦ＝角ＣＥＦ＝30度÷２＝15度

したがって、15度＋60度＝75度

という感じです。

この問題のポイントは、二等辺三角形を見つけられるかどうか。

正方形と正三角形の存在から、三角形ＢＣＥが二等辺三角形であることに気づくこと。これがわかれば、ごちゃごちゃと角度を書き込む必要はなくなる。

ここでは説明するためにアルファベットを使用しましたが、アルファベットが多く書かれていることも、しんどくしてしまう理由。

実際の私の板書では、アルファベットはもちろん、「角ＢＣＥ＝……」も書きません。解答に邪魔だからです。

解答例

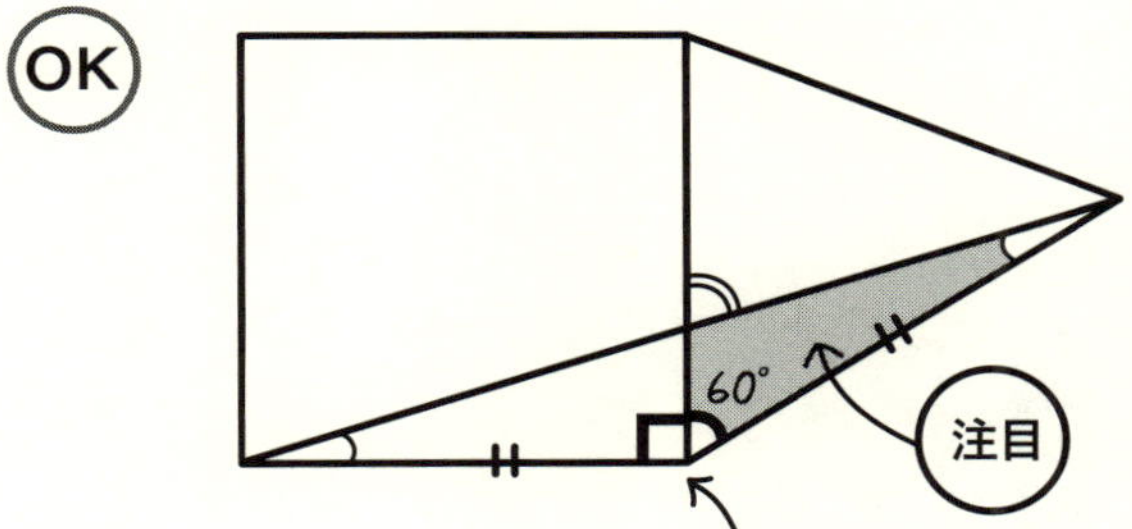

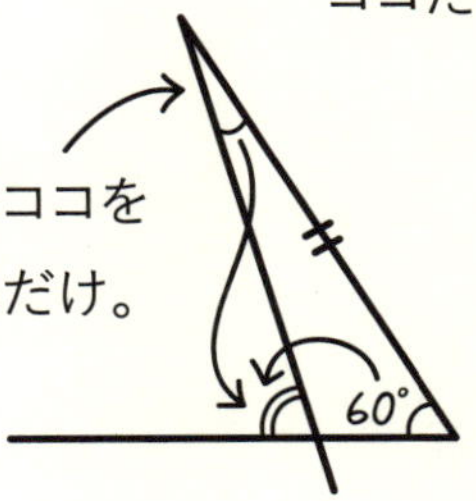

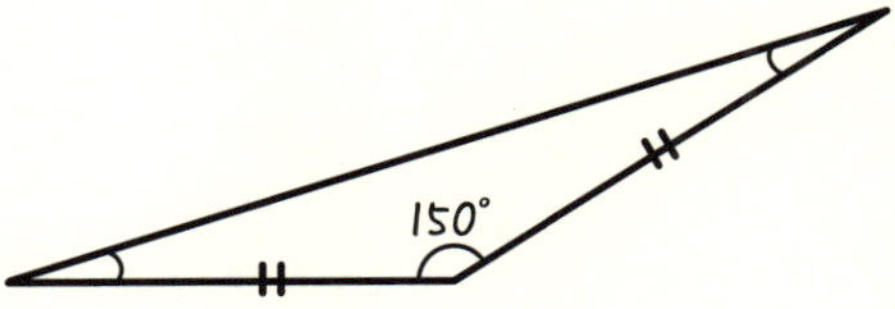

二等辺三角形なので

（180－150）÷2＝15°

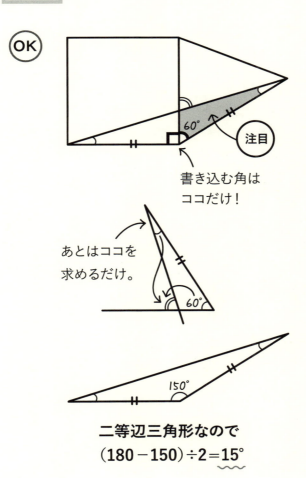

いかに解きやすくするかは、ムダをそぎ落としてシンプルにすることを心がける。

ノートに書くときも、「角ＢＣＥ＝」とかいりません。色ペンやマークを使うことで、十分対応できるのです。

学力が伸びるノートの習慣21

角度に注目ばかりしたらダメ！辺の長さに注目し、隠れた図形から求めていく

22

「影の長さ」の問題は、影の先端をグリグリする!

次は相似形の影の長さの問題から。

この手の問題は先生によっては、問題ごとに異なる解法を教えることもあるようです。テキストにも、パターン別に説明がついているものもあります。

それを見て、「細かく丁寧に書かれているテキストだな」と思われる人もいるかもしれません。

でも、ちょっと違います。

これはこの相似形の問題だけに限って言える話ではないのですが、問題を見る角度を少々変えられても対応できるよう、一発で片づくシンプルな考え方を身につけてほしいです。

とくにこの影の長さの問題に関しては、生徒に図を描かせるとかなり雑に描いてしまう子が多いのです。そこであまりあれこれ見せてしまうと混乱する可能性もあるので、ワンポイントでほぼこの手の問題はカバーできるように指導します。

それが、「影の先端をグルグルする」というもの。

つまり、影の先だけに注目すればいいのです。それだけです。

私が授業で教えるときは、影（光線）の先端をグリグリとバカでかく塗り潰します。生徒たちは笑いますが、ふざけているわけではありません。

そのくらい大げさに強調して、イメージを焼き付けさせたいからです。

そうすれば影の問題に当たったとき、

「先生がグリグリしていた、あれだ！」

と子どもの頭の中で思い出されるからです。

問題2

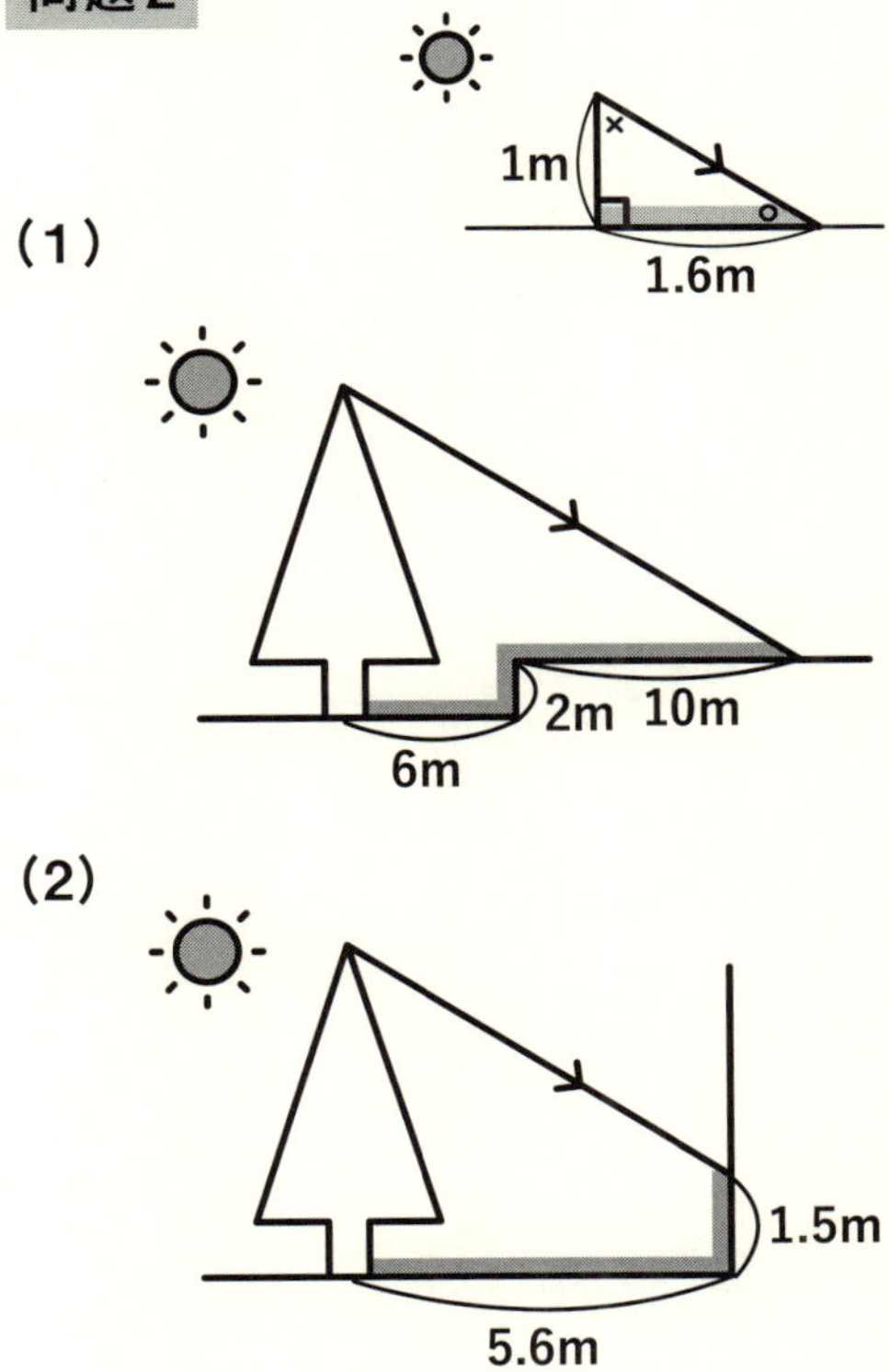

図のように1mの棒の影が
1.6mになるとき、
同じ条件で木の高さは何m？

1メートルの棒を立てたとき、影の長さが1.6メートル。
同じ時刻に、同じ場所に立っているそれぞれの木の高さは何メートルですか？
当然ですが、「棒」「影」など余計な情報を書かないこと。

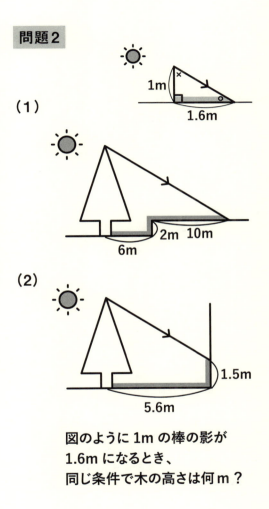

まず、棒の高さと影の比＝1：1.6＝5：8（これくらいは0.1秒で）

影の長さの問題は、相似形がわかっているかどうかを聞いている。

つまり、5：8の三角形をどうやって作るかになります。

そこで三角形を探すのに、どこに線を引こうかちょっと考える子がいるのですが、見つけるのは一瞬です。

影の先端を見つけるだけです。そして、それをグリグリとマークするのです。

ここで、ちょっとしたことだけど大事なことを一つ。

最初の設定の棒からの延びる影を作る線と木から延びる影を作る線が平行です。だから、あらゆる角度が同じになるので相似形として考えるのですが、その線をいい加減に引く子がいます。

直に数値を求めるのに影響はなくても、学習全体を考えれば見えないその差が大きくなっていきます。いい加減に描いている生徒は、やはり相対的に点数がよくないです。作図や図解は見やすさも大事ですが、〝ポイントをきっちり描く〟ほうが重要になるということを付け加えておきます。

学力が伸びるノートの習慣22

地面から同じ傾き（平行線）なので角度が同じ。相似形となる三角形は、光線の先端をグリグリ

解答例

(1)

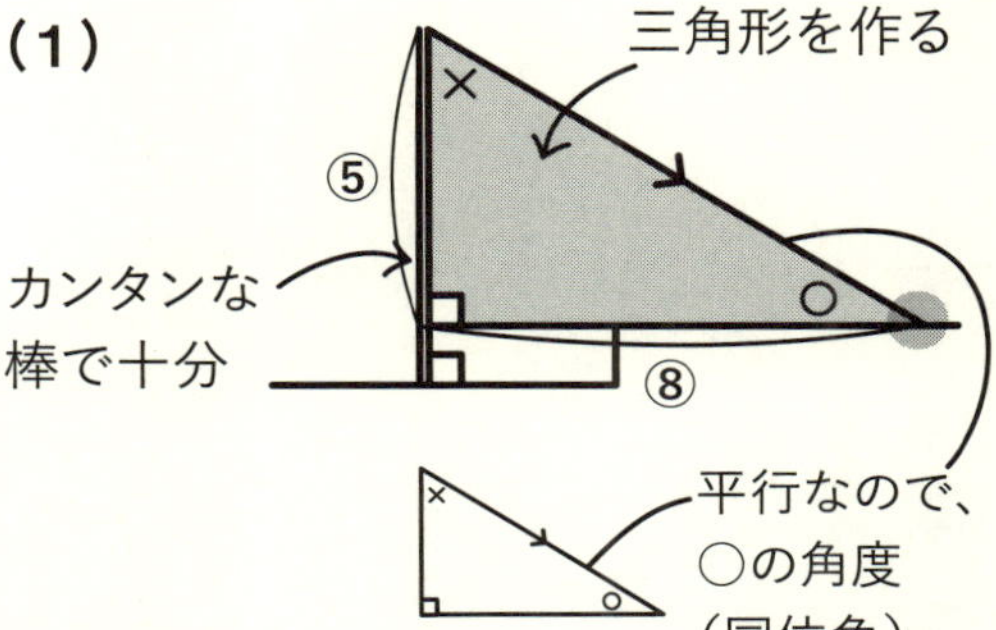

1：1.6＝5：8

すべて5：8の比になる！

⑧＝16
÷8
①＝ 2
÷5
⑤＝10

12m

(2)

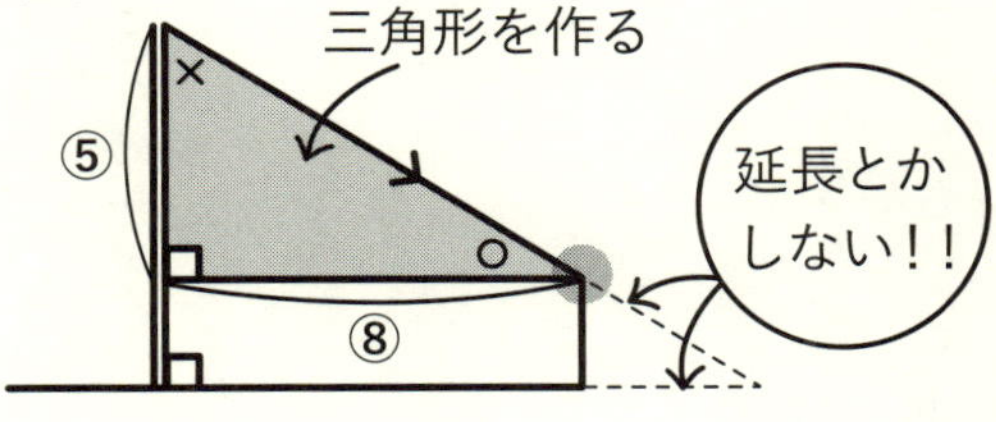

⑧＝5.6
⑤＝3.5

5m

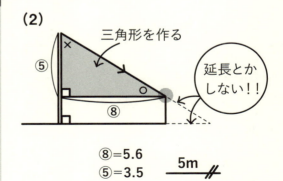

23

「円」の問題は、中心と半径の長さが命！

円がらみの問題ができない子の圧倒的多くは、中心がどこなのかがわかっていません。

円の中心はもちろん、コンパスで円を書く際に芯を指すところです。中心から同じ長さの半径で描かれる。「そんなこと、わかっているわ」と言うかもしれませんが、それがいざ解答するときにわかっていない生徒は案外多いのです。

円の中心がわからないと、まず半径がわかりません。半径がわからないと、円周も面積も求められないわけです。

あとで聞いてみれば簡単でも、自分で解いてみると意外と〝カンタンに〟間違えてしまう。当たり前すぎる基本が、ホントに当たり前すぎてスルーされてしまうケースに多いのが、この円の問題です。

小学生だけではなく、大学生や社会人でも結構やられてしまうのです。

実際、次の問題では以前、私が大学で教えていたクラスの50人中、33人が間違えた問題です。

問題３

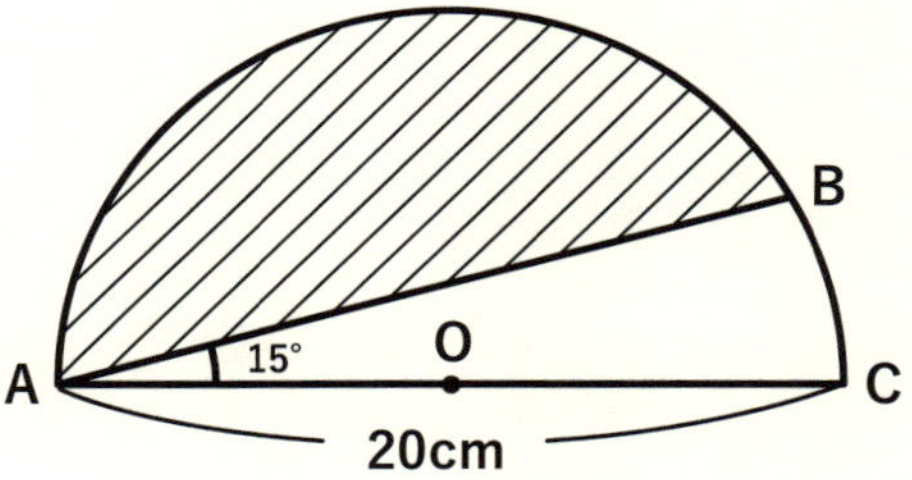

図は直径20㎝の半円。
斜線の面積は？
（円周率を 3.14 とする）

NGパターン

図形ABCを完全に〝おうぎ形〟ABCと誤解してしまう。

よって、半円（半径10㎝）から〝おうぎ形〟ABC（半径20㎝）の面積を引けばいいと思ってしまう。

↓

この問題を間違える子は、ほとんどこのパターン。でも実は、白い部分の図形ABCは〝おうぎ形〟ではない。

この部分は、三角形OABとおうぎ形OBCからなっているので分割して考える。

「なぜ、白い部分の図形ABCは〝おうぎ形〟ではない」のか？

その理由は、弧BCは半円の一部。つまり、弧BCを含むおうぎ形の中心は、半円の中心と同じはず。

したがって、おうぎ形は図形OBCなのです。

図形ABCをおうぎ形だと、目の錯覚を起こしやすいのも確かです。

授業では「ここが円の中心な！」とグリグリ。

解答例

NG

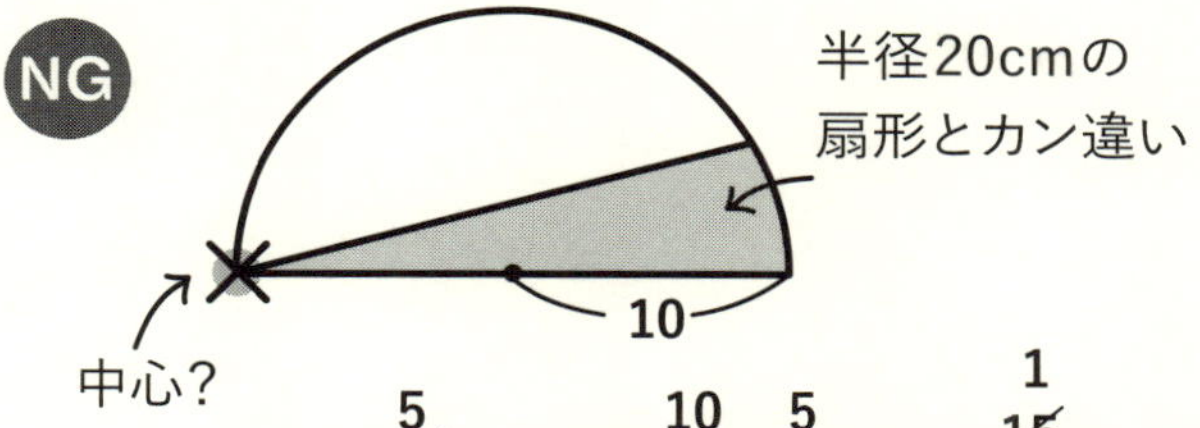

$$10\times10\times\pi\div2-20\times20\times\pi\times\frac{15}{360}$$

$$=50\pi-\frac{50}{3}\pi$$

OK

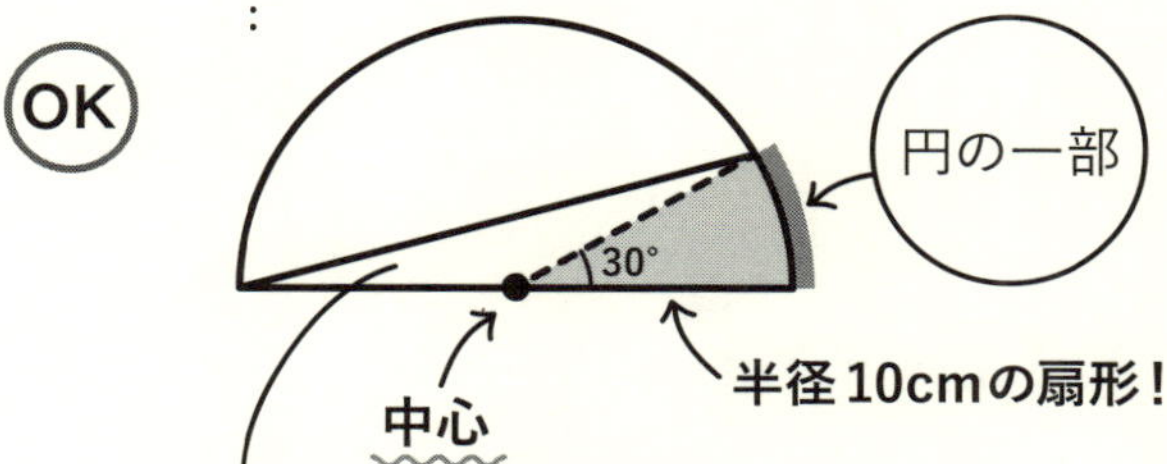

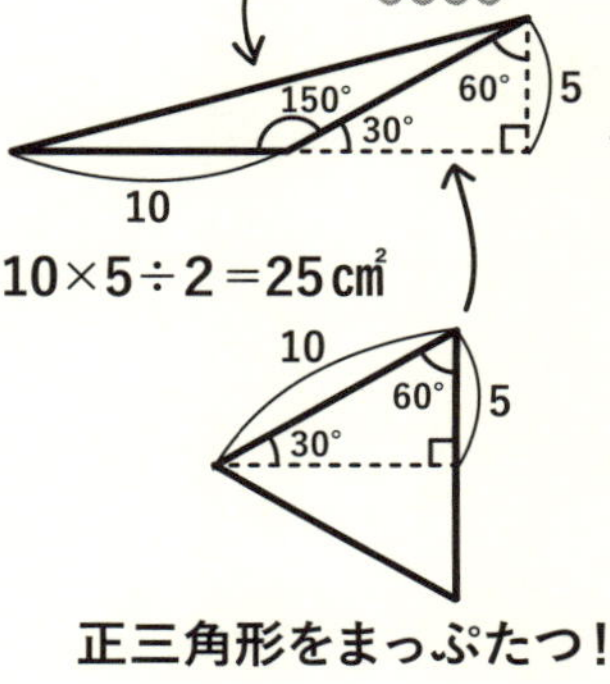

$$100\pi\div2-\left(100\pi\times\frac{1}{12}+25\right)$$

一気に

$$=\frac{125}{3}\pi-25$$

$$=105.8\ (\text{cm}^2)$$

（小数第２位を四捨五入）

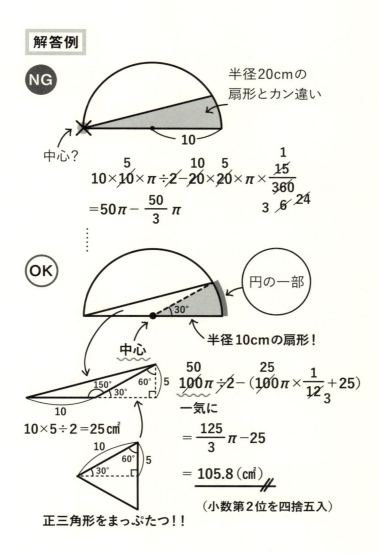

やはりここでもアンパンマンの鼻のように大きく印をつけて、私はインパクトを与えるようにしています。

学力が伸びるノートの習慣23

円は、とにかく中心と半径。
おうぎ形は「円の一部」と考えればいいのだ！

24 式で書くな、図で描け！

図形の問題は、図を動かしたり、分割したりするだけで一気に解決してしまうものもあります。

ところが、力任せで式をダラダラ書いて答えを出そうとする子どもが非常に多い。できる子ほど式の量は少ないのですが、その理由は〝図の解読〟ができているからです。

たとえば、図形の移動の問題や、次の問題４はその典型です。

問題４は『ヒポクラテスの三日月』という有名な幾何の定理の一つですが、私は子どもたちには「パンダの耳はパンダの顔」問題と呼んでいます。

図を見ると、２つの半円がついていて、斜線で塗られているところとそうでないところから、まるでパンダの顔のように見えるので、勝手にこう名づけています。

問題4の解答例を見るとわかるように、図解して、「パンダの耳の面積は、パンダの顔の面積と同じ」と覚えておけば、すぐに解けてしまう問題です。

覚えるということに「ただの暗記かよ」と思われるかもしれませんが、そうです、ただの暗記です。暗記させるのです。

それによって、図で解く感覚や考える姿勢のきっかけとなり、波のある子どもの学習意欲が引っかかるようなフックをつけてあげます。当然、その前になぜか？　という解説を入れるのは当たり前すぎるのでカットします。

図形問題の面積を求める解き方の基本は、大きく分けて以下の3つがあります。

①全体からいらないものを引く
②求める部分を分割する
③移動する（等積移動）・変形する（等積変形）

中学受験の算数の場合は、7割以上が①の「全体からいらないものを引く」ことで解決。パンダの問題もこのパターンです。

問題4

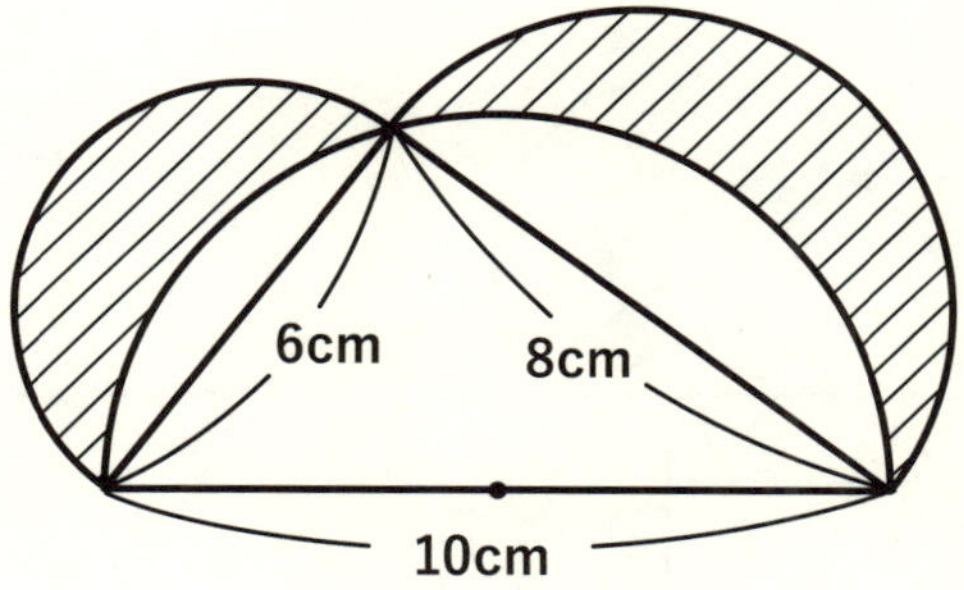

図は半円の中にある
直角三角形の辺を直径として、
さらに半円がかかれている。
斜線は何㎠？

解答例

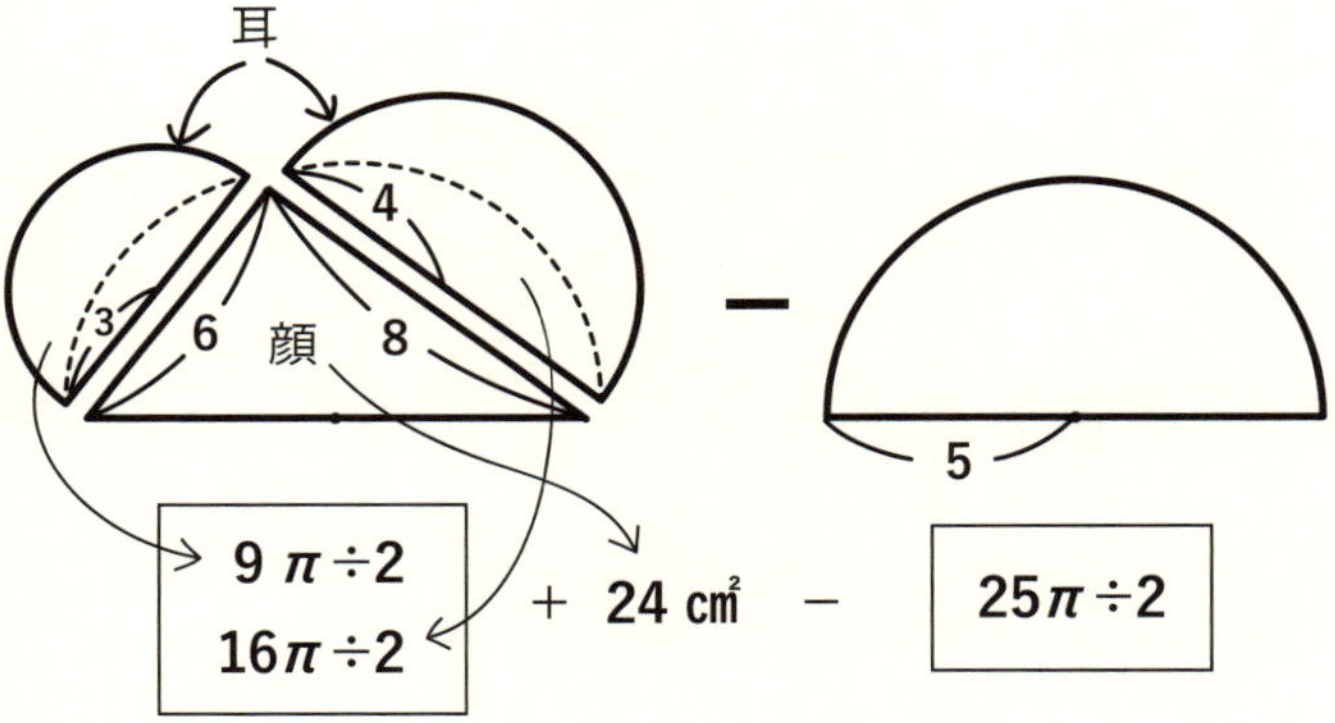

＝ 24（㎠）

（耳＝顔）

斜線を引いてある部分(パンダの両耳のような部分)の面積を求めなさいという問題。

では、耳にあたる斜線の中途半端な円の一部の面積はどうすれば求められるのか。

全体のシルエットを直角三角形と耳にあたる半円2つの3つに分けます。前項にも書いたように、円の問題は中心と半径に注目します。中途半端な円の一部であっても、円は円。中心が絶対存在します。その2つの半円の直径が直角三角形の2辺となるので、そこで3つのパーツに分けるのです。

それができれば、あとは真ん中の大きな半円を引くだけ。すると、結果的にはじき出された面積は、なんと直角三角形の面積と同じになるのです。

ちなみに、直角三角形の直角をなす頂点の位置が大きな半円の周上のどこにあっても、これが成り立つという面白い問題です。

学力が伸びるノートの習慣24

「パンダの耳はパンダの顔」! 知っていて便利なものは覚えておく

第4章

子どものノート力を上げる親の関わり方

やってはいけないこと、言ってはいけないこと

25

「もっとちゃんと書きなさい」は逆効果

「字が汚くて読めないじゃない。もっと丁寧に書きなさい」

「こんなにふにゃふにゃした字じゃ、先生も読めないわよ」

「あっちこっち書かないで、キレイにそろえて書きなさい」

子どものノートを見て、こんなふうに言ってしまったことはありませんか？

でも、それをガミガミ日々言い続けたとしても、そう簡単に子どもが変わらないのは、なんとなくお母さん、お父さんの頭の中でわかっていると思います。

でも、言わざるをえない……。仕方ありません。何十年も指導し続けてきた私ですら、うっかり生徒に言いそうになるときもあるくらいですから。

ノートの字を見るだけでわかること

①日によって筆圧が違う

日によって筆圧が変わるのは、やる気にムラがあるから。

筆圧の乱れは精神の乱れ。ノートを見ると、字が薄かったり、ふにゃふにゃしていたり、雑で読めなかったりと、やる気もわかります。

そのやる気とは、お子さんのその日の気分かもしれないし、苦手でしたくない勉強なのかもしれない。真の原因を知る手がかりはお子さんだけです。

だから、子どもの気分をその気にさせる言い方で盛り上げていく必要があります。ダメ出し一辺倒では凹《へこ》んでしまいますから、せめて親は甘やかさない程度に前向きなコメントを心がけてほしいです。

たとえば、明らかに気分によってムラがあるなら、調子のいい日と同じ気分になれるように子どもときっちり話し合ってみてはいかがでしょうか。

家族2人で建設的な話をしたほうが、一方的な注意より1000倍マシです。

家族2人がちょうどいい。こんなときに限って、お父さんのほうがうるさかったりしますからね。

②文字の列や行が乱れている

次に、しっかりした筆圧だけど、列を乱して書くクセのある子ども。このタイプはほぼ幼い生徒に多く、書くスピードも非常に遅いです。

一文字一文字を力強く書いていますが、字から言葉、文章（式）へと大きな塊で見る意識が低いので、言葉にするのが遅いのです。

筆記も遅くなるので、頭への伝達も当然遅くなり、理解や把握がどうしても遅れてしまう傾向にあります。

だから列や行が乱れがちになり、それが習慣となると気にしなくなって、いつまでも幼稚な感じが抜けなくなります。

そのような子に「速く書きなさい！」「列をちゃんとそろえて書きなさい」は無謀

なんです。

簡単に言うと、2、3学年上の要求をきつく言ってしまっているのと同じ感覚です。それでは子どももかわいそうです。お母さんもですが、そのような状態まで気づかなかったので仕方ありません。今日からなんとかしていけばいいんです！

そのような子どもには読書をオススメします。算数でなくてごめんなさい。

でも、**情報を早くキャッチして、言葉のまとまりを早く仕入れる練習は読書、とくに、速読の練習**ですね。目を早く動かし、短時間集中させる。言葉の理解力が上がり、筆記の質も上がります。

まずは速い音読を心がけて、どんどんスピードを上げていきましょう。

書くことも読むことも、取り組み方ひとつで、そのスピード感はその子自身の取り巻く環境にも影響すると多くの生徒を指導してきて感じます。

速く書くことで、字が乱れて読みにくいのはギリギリセーフなんです。

でも、乱れていてなおかつ遅い、は致命的。よって、スピードを意識することに親子で取り組んでいくことです。

逆に言うと、きっちりマス目に沿って字が書けていても、見た目には美しいかもしれませんが、書くのが遅いとそれが理解できて習得できているかどうかは微妙だと私は思います。

子どものノートには、親でも気づかない隠れた盲点がいっぱいなのです。字が乱れていたり、スピード感を感じない幼稚なノートは、まず間違いなく「上手に授業を聞けていないノート」です。

このようなノートを取っている生徒は、それ相応の成績として表れてしまいます。したがって、彼らのテストや答案を指摘する際は、必ずノートも一緒に持ってこさせて、原因はどこにあるのか？　を考えてもらいます。

もちろん、そのような成績になるのはノートや授業の受け方だけとは限りません。しかし、だいたいの生徒は授業の受け方が起因しているのです。

書くスピードは頭の回転の速さや集中力に比例する

先ほどもふれましたが、親はそんなやる気のないノートを見たとき、どうすればいいのか？

注意やその場限りの叱咤《しった》はやめるべきでしょう。

親にノートだけ見て怒られても、子どもは嫌な気分になるだけです。

ノートからやる気のなさを感じたら、直接子どもに指摘するよりは、学校や塾の先生を通して指導してもらうようにしてください。

親しかできないこともある半面、親だからできないこともあるんですね。できないというか、効果的でないというわけです。

そして、「字が汚い＝悪いこと（勉強していないこと）」とは限らないことを知っておいてください。

とくに集中力が高い生徒の中に、字がとても汚く、雑な子もいます。

以前、超難関校に合格したある生徒で、ノートの字を判読するのに非常に時間がかかる子がいました。というより私一人では無理で、結局その子に聞いていました。「なんて書いてるの？」って。まさにアラビア語レベルで読めなかったのです（笑）。その子は、人並み外れて集中力が高い生徒でした。

つまり、頭の回転の速さと手の動き、集中力がすべて連動しているのです。

ですから、汚い字でも筆記スピードが速い子の場合は、やる気のなさと結びつける必要はありません。

もし、お母さん、お父さんで、わが子の字の汚さゆえに、やる気がないと判断してしまっている方がいたら、一度、お子さんが家で宿題（漢字の書き取りや計算問題など が理想的）をしている様子を観察してみてください。

書くスピードが速ければ、それほど気にすることはおそらくありません。心配しなくても、その子のレベルが上がってくれば、書くことで徐々に読める字になっていきます。

学力が伸びるノートの習慣 25

「字の汚さ」は叱らなくていい！「筆圧の乱れ」や「筆記スピード」に気をつける

26

親の「問題の書き写し」で、1人で勉強できない子に育つ

親が子どものノートに問題文の全文を書き写してあげている――「えっ、そんな親がいるの？」と思われる方もいるかもしれませんが、実は結構いらっしゃいます。

私は受験コンサルもしていますので、生徒さんのノートを見せてもらうのですが、案外多いのです。決して珍しくありません。書き写さないまでも、テキスト一冊分の問題をコピーして、全部切り貼りしてあげる親御さんはかなりいます。

私の肌感覚ですが、昔よりこの割合がさらに増えたと思います。理由の一つは一人っ子が多くて親が手をかけてあげる時間が増えたこと、そして一番は簡単に言って申し訳ないですが、過保護です。

勉強に集中させてあげたい、ムダなことに時間割くことなく、できるだけサポート

してあげたい。こう思う親の気持ちもよくわかります。

でも、ここまでやってあげるのは、疑問です。子どもが甘えてしまい、**勉強が親との手分け作業になってしまう**からです。

勉強は自分のためにするものなのに、自分が勉強するために、お母さんやお父さんが必要になってしまいます。**一人で勉強できなくなる**のです。

私は勉強を真剣にさせようと思っている全家庭に、これを標語のように届けたい！

『やめよう！　親が手書きで全写し!!』

ノートに問題を書き写してあげることが、子どもの成長や成績アップの足かせとなる可能性のほうが断然大きいからです。

きつい言い方ですが、これは親の自己満足でしかありません。本当に不思議で、問題集やテキストに載っている問題を何のために書き写すのか？

テキストに書き込んでしまったから？　手や下じきで隠して解かせるのが不憫《ふびん》だから？　それ言い出したら、もう勉強でない気がします。

もっとその労力と時間をほかに活かしてほしいのです。

問題を書くくらいなら先生宛のメッセージを書こう

お母さんお父さんが子どものノートに何か書くなら、先生宛にコメントを書けばいいんですよ。細かく指導のリクエストをかけるのです。

どうせ塾に行っても、先生が忙しくてつかまらないとかあるでしょ。それも時間がもったいないので、問題を書き写すくらいなら、塾の先生にメッセージを投げましょう。

別便のお手紙でなく、子どものノートに直接書き込んでOKです。その時点で先生とどんなやりとりをしたとか、どんな相談をしていたとか、子どもの状況も間接的に見ることができるからです。

何のために高いお金払って行かせているのか、いま一度考えましょう！

ただし、わからなかった問題だけをコピーにしてノートに貼り、子どもが繰り返し勉強できるようにしてあげる、ということはかまわないと思います。

間違ってしまった問題は、方法にもよりますが繰り返しやる必要があります。そういう問題だけピックアップして、コピーして切り貼りするのは単純に面倒な作業です。これを親がやってあげるのはＯＫです。ただし、これはあくまでも臨時の作業と心得てください。

それが悪しきルーティンになり、すべての問題をお母さんが切り貼りしてあげていたら、勉強が常にお母さんとの共同作業になってしまいます。

それに素直に従ってしまう子どもも悲劇ですし、もし、「ここまでしているのに」と親が高圧的な接し方になっていけば、いつしか子どもも「させられている感」満載になってしまうからです。

子どもの勉強に親の関わりが大きいかもしれないですが、なるべく子どものノートにはふれないように（書かないように）しましょう。

学力が伸びるノートの習慣 26

子どもの代わりに問題を書き写すくらいなら、先生へのコメントを！

27

親の丸つけはNG！子どもが考える機会を奪ってしまう

よく、宿題の丸つけを親がやっているご家庭があります。

学校などからは、わざわざ「丸つけは親御さんがやってください」と言われることさえあります。なんでそう言われるんですかね？

これは子どものことを考えたら、絶対にやってはいけません。丸つけは、子ども自身にやらせるべきです。

理由は簡単で、**自分で丸つけすることによって、子ども自身で正解や間違いやミスをその都度、頭にインパクトを与えることができる**からです。これは非常に大事です。

授業後に「2行」メモのところでも話しましたが、直後に自分でチェックすることで、さっきまで考えていた頭の中が整理されたり、再度考える材料にもつながります。

「あっ、これ違う。なんで？」

「正解か？　そうか、あの方法で合っているということだったのか！」

などと気づきがまったく違います。

これを親が丸つけをやってしまうと、その大事なインパクトをそこまで子どもに与えられません。

自分で順にチェックしていくのと、一気にマルバツをつけ終わったものを見せられるのとでは、全然違うのです。

親が間違いチェックをする落とし穴

しかも、親が丸つけをしているご家庭に限って、やっていることは「○（マル）つけ」ではなくて、ほぼ「×（バツ）つけ」です。

つまり、**「子どもがどこができていないのか」「どれだけわかっていないのか」を親が知るための行為になってしまっているの**です。

そして、それが子どもを叱責する材料のためにだけ使われるとしたら、こんなに悲しいことはありません。

のちにもふれますが、実は正解であっても手放しで喜べないことが山のようにあります。先ほどの、

「正解か？　そうか、あの方法で合っているということだったのか！」

たとえばこのセリフ、完璧にわかっていたのではなく、試行錯誤した結果、正解だったんだと気づく瞬間です。この感覚を持てるのは、絶対その子ども自身にしか無理！

つまり、親が○×（マルバツ）をつけて、「はい、間違い直しよ」と**×（バツ）だけに集中させると、まだ完璧に自分のモノにできていない、軸がぐらついている問題を見過ごしてしまいます。**

これは目には見えない大エラーです。こんなこと、多くの親が日々、日本中のあちこちで繰り広げているのです。

先のようなコメントを発する素直な子ならわかりやすいですが、「結果、正解」ということに上からフタをして見過ごそうとする子もいるでしょう。

しかし、自分を偽ることはできない。その子の中では「俺、これ弱いよな」「テストに出たらやばいかもな」と感じているはずです。でも私はそれでもいいじゃないかな、と思います。

これは子ども自身でチェックするからこそと気づける、そして感じることができることだからです。

もうおわかりと思いますが、親が丸つけをするということはどういうことでしょうか？

子どもの弱点の発見の機会や、成長の可能性を潰すことが大いにあり得るということです。

学力が伸びるノートの習慣27

答え合わせは、親ではなく子ども自身で！
自分の課題や問題点を発見するチャンス

28 子どもの答えを正解か間違いかで見てはいけない

親が丸つけをすると、つい「×」ばかりに目がいってしまい、隠れた穴を見逃す超危険なことと書きました。いわゆる、ほぼ「バツつけ」です。

多くの親は、「○」だからよし、問題なしと勘違いしてしまいます。

正解まで見直す必要があるとは思わなかった、というお母さん、お父さんは、恐ろしいくらいに多いです。

私がコンサルで見せてもらっている生徒でも、実に8割くらいは正解やマルをつけた部分はほったらかしにしているケースがあります。

「お母さん、お子さんは正解していますが、わかっていないですよ、これ。この部分をテキストを使って確認してください」

と伝えて後日確認してもらうと、「先生のおっしゃる通りでした。あやふやでした」とほぼ同じような返答がきます。

正解した問題こそ要注意！

ここで改めて言わせてほしいです。○（マル）がついている問題こそ気をつけろ！　と。マルがついていて、あたかもできているように見える問題こそ、注意が必要なのです。そして、本当にわかっていて正解、本当のマルであっても注意は必要です。

学習直後のテストや宿題でいくら正解をしても、時間が経つと忘れてしまったり、間違えてしまったりするものが出てきます。間違ったところは誰でも注意しないといけないと思いますが、マルがついたところは積極的に見直しません。だから正解した途端に忘れてしまうのです。

もちろん個人差はありますが、一度正解したとしても、「次のテストで同じような問題が出てきても、解ける自信がない」とか、「正解はしたけど、どうやって解いたのかわからなくなった」などということもあります。

正解した問題こそ要注意？

「わかっていても時間が経てば怪しくなるのか？」

「わからないけど正解しちゃったのを見過ごさないようにしているのか？」

何でもかんでも危機感を持ってやるのはしんどいですが、誰もが陥りがちな盲点は子どもの成長を加速させるためにも、親は気にしておくべきだと思うのです。

「正解」をわざわざ親はチェックしない理由として、勘違いのほかに多いのが、そこまで見る時間（暇）がないからというものです。

確かにあれもこれも大変です。ですが、結構よけいな時間を使っているケースが多くの家庭であります。それらを見直すだけで、十分その時間は捻出できるはずです。

一度、時間的な余裕も含めて学習スタイルを見直してみましょう。随分違ってきますよ。

「正しい間違い」と「重症の間違い」がある

そして、それと並行して言えるのが、同じ×でも「正しい間違い（考え方はよかった）」と「重症の間違い」があるということです。

○か×かで言えば×なのですが、考え方は間違っていないというものならOKです。いわゆる「正しい間違い（考え方はよかった）」ですが、これを私はよく「健康的な間違い」と呼んでいます。

「間違っているものはすべてダメ」ということではなく、**間違っているものの中でも見直す優先順位がある**ということです。

宿題の間違い直しやテスト直しを、×（バツ）がついていれば片っぱしからやり直しをする子がいます。とにかく親も間違い直しをしていればそれでOKと、ちょっと雑な感じで子どもの勉強を見ている方も多いです。

明らかにわかっている問題や書き間違いなどのミスはしなくていいのです。

また、よく見るとその問題の重要ポイントを押さえている場合はむしろＯＫだけど、ツメが甘かったと、そこだけ再確認させればいいのです。いわゆる「健康的な間違い」です。

むしろ、「ここまできてるじゃない」と前向きな姿勢で臨めます。

一から十まで全部やり直したり、書き直したりは非効率すぎます。

ただし、ポイントを押さえている間違いかどうかというところは、さすがに親ではわからない場合があります。これは先生に見てもらいましょう。

全部見てください、というのではなくて、この間違いは？　の部分だけですから、先生もそこまで負担にはならないです。

前に少しふれましたが、図形を描けば解けるのに、ダラダラと式を書いて、力ずくで正解に持っていくようなケース。つまり、まるっきりやり方から見直さないといけない、いわゆる「重症の間違い」のほうが問題です。

得意で、その方法でも大丈夫ならばかまいません。しかし、そうでないなら取り組み方から変えるべきなのです。なぜなら、あとに続かないやり方だから。

言ってみれば、柔道の背負い投げ1本で勝てるところを、力ずくの寝技に持ち込もうとしているようなものです。寝技はしんどいやろ？　ということです。

式をダラダラ書いているうちに、わけがわからなくなって、計算ミスをしたり、何を求めているのかわからなくなったりして間違えてしまうケース。これは考え方や解法のチョイスという基本部分から見直す必要があるのです。

学力が伸びるノートの習慣28
間違いに優先順位をつけて重要な間違ったところに力を注ぐ！

29 先生の代わりに「ダメ出し」コメントを書かないでください

子どもの教育に熱心な保護者はたくさんいらっしゃいますが、最近少し多くなったと感じるのが父親の割合です。

もちろん、教育に熱心な父親がいることは別に悪いとは思いません。しかし、母親と違い、子どもに対して圧をかける質がちょっと違うのです。

表現が少々難しいのですが、子どもから見て、母親よりどこにも逃げ場のない強さを出しすぎると感じるところがあります。

もう少し具体的に言うと、お母さんよりお父さんのほうが勉強に対して「こういうものだ！」という固定観念を持ちすぎていて、それを押しつけがちなところを感じるのです。

お父さんが方程式で教えてしまう罠

よくあるのが、高学歴で数学が得意なお父さんが、方程式を使って無理やり教えてしまうパターン（中学受験算数では基本的に方程式は使いません）。

指導する側としても、これはかなり困るのです。講師目線で言わせてもらうと、ほとんどの先生が心の中で「あ〜、やっちゃってるよ〜」と思っているはずです。

子どもが授業を受ける
↓
家で復習や宿題で手こずる
↓
見かねた熱心な父親が教える
あとで混乱するのが見え見えなのに、子どもが親に質問する

という流れからお父さんが登場するのですが、まず教えるにしても塾で習った解法

を準拠するのが大前提です。

ですから、塾のテキストであったり、子どもの授業ノートであったりを踏襲するべきなんですが、どうも父親独自の解法を子どもにぶつけまくる人がいます。

今すぐやめましょう！ 何よりも、子どもが混乱してしまうからです。

授業でやることが飲み込めないからといって、お父さんのやり方が飲み込めると言いきれますか？ むしろ、授業と解き方が違えば、超危険です。

なぜなら、その瞬間はよくても、今後に活きない解法の可能性が高いからです。

受験する子どもの勉強内容は多岐にわたりますが、それぞれが細かく毛細血管のようにつながっています。その部分だけブチッと寸断して別個でなんて、長年指導してきた者から言わせてもらえれば、ちょっと考えられないです。

方程式でガンガンに説明した跡が残っている生徒のノートを、これまでもいっぱい見てきました。

「熱心で、すごいですね！ お父さん」と言いたくてもとても言えないのです。「お願いだから、次からはしないで！」という感じです。「これ、やればやるだけ不合格まっしぐらですよ！」って感じです。

方程式自体がダメと言っているのではないんです。

表向きには方程式とは書いていないだけで、実は中学受験の算数は方程式をガンガンに使います。数学的に見せずにサラッと計算の一部として小学生用に書き換えて、それを解答の道具の一つとして使っているだけなのです。

そのような意図を汲んだうえならば、家庭でお子さんのアシストをしていただいても問題ありません。

中学数学で使う何でもかんでもｘでおいて方程式に持ち込むのとは、意味が少々違ってしまうのです。

もし、お子さんがお父さんに質問を求めてきたら、一緒に授業ノートとテキストを見直し、それで解決しない場合は無理に完結させず、担当の先生に投げるほうが安全です。

お父さんたちにも言い分があるかもしれませんね。「それなら塾でちゃんと指導してきてくれよ！」となるでしょう。私が親でもそう思ってしまうかもしれないです。

ですが、この受験業界にいる者として一言言わせていただくと、授業は大事なものですが、ぜんぜん完璧なものではないのです。たった1、2時間座って聞いてきただけでスラスラ解けるほど簡単なことをしているのではないということもご理解願いたいです。

残念ながら、先生の当たり外れがあるのも確かです。もっと言えば、CMバンバン流していて「受験指導」と看板を掲げながら、まったく指導できない塾が多く存在する昨今の塾事情もあります。

親は「ダメ出し」ではなく「励まし」を

また、単純にお子さんのノートを見るときも、ダメ出しはしたくても、なるべく我慢です。

ダメ出しは先生に任せるべきです。

どうしてもダメ出しをしたくなったら、先生を通して言ってもらいましょう。

お父さんたちがプロでないからということではなく、先生と生徒の関係ではないからです。

親子関係では、やはり直接指導というのは例外もあるかもしれませんが、基本的にキツイのが現実です。

お母さん、お父さんは、子どもの現状をつぶさに把握しておくことのほうが重要なのです。

ここで、ある父親が熱心を通り越してしまった実例を一つ。

以前勤めていた予備校の講師の控え室で、ある科目の講師が携帯で、

「おまえ、わかってるやろな！　俺が帰るまでに宿題終わってなかったらぶっ殺すぞ。わかったんか？　聞いてんのか？　返事は？」

電話の相手は息子さんだったそうです。こんな電話をいつも夜、授業終わりにわが子にかけていました。

どう思われますか？

こんな感じの毎日で、子どもがスクスク成長できますか？　もちろん勉強面もしかりです。

あとで聞いた話では、受験校全落ちでその子は引きこもってしまったそうです。

受験生を指導する人間ですら、わが子の指導を踏み違えてしまうのです。

親が子どもの先生になってはいけないということです。

学力が伸びるノートの習慣29
ダメ出しは先生にお任せして、子どもの現状を把握しておくのが親の役割

30
「きちんと書けているね」のホメは危険

授業ノートの場合、「きっちり書けているね」「ちゃんと書けているね」などのほめ方はおすすめしません。それは、何度もお話ししているように、子どもが書くことだけに集中して、先生の話を聞いていない可能性が高いからです。

親がノートを見て思う「きっちり」「ちゃんと」と、「授業が頭に入っているかどうか」は、別問題です。

一方、演習ノートは「吐き出す」ことが目的なので、間違っていてもかまいません。自分の答えを吐き出せているかどうかが大事になります。**間違っていても、まず自分の答えが書けていれば、ほめてあげてもいい**のではないでしょうか。

自分の考えを吐き出せているノートがどういうものかというと、自ずと字に表れます。強い筆圧で書いている、消しゴムで消して書き直した跡がある、といった〝もがき〟が見られるノートです。

もがいているノートは成長の証です。

ほめるときは、

「答えを写さんとやってるね」

「手が動いているね」

など、シンプルに。

〝親にほめられようとするノート〟を生まないために

ただ黒板をきっちり写しただけのノートや、答えを写しただけのノートを見て親が安易にほめてしまうと、子どもは「次も使える！」と思ってしまいます。

ほめられようとするノートを書く子が出てきてしまうのです。これでは本末転倒です。

子どもが自覚しているかどうかは別として、「親を騙せる」と思ってほしくないのです。見られるためだけのノートになってはもったいないですよ。

お母さん、お父さんは、無理にほめる部分を探す必要はありません。無理にほめるのって、しんどいのです。

いつからか、子育てにおいて「ほめて育てる」とか、子どもを「ほめることの重要性」が広まるようになってきました。でも、私はこれには少し疑問を抱いています。

「ここぞ」というときにほめるからこそ、意味があると思っています。

効果的にほめたいなら、

「先生が、あなたが最近集中して勉強しているってほめてたよ」

というように、間接的にほめるのがおすすめです。

学力が伸びるノートの習慣30

親がノートで見るところは、「きちんと書いているか」ではなく、「吐き出せているか」!

エピローグ

本書をお読みいただき、誠にありがとうございました。

ワンランク上のノート術を身につけると、いかに効率的に学習できるかを感じとっていただけたかと思います。

ノート術は、いわば勉強術。

これを駆使すれば、間違いなく強力な学習アイテムとなります。

学習において最高の武器にもなれば、一方で使い方次第で足かせと化してしまうほど怖いものです。


「ノートは〝写すもの〟だ」

それはある種の思い込みです。

自分が必要なら、書く。いらなきゃ、書かなくていいだけ。

しかし、そんな簡単なことすらも、子どもたちは自分で判断がつかないくらいになってしまっているのです。

それは、これまでノートの使い方があまりにも軽視されてきたからに他なりません。

親も子も、そしてその先生も。

受験指導者の私がこのたびノート術の本を書いた理由の一つは、子どもたちに課せられている膨大な勉強量、そこに潜む不必要な勉強を少しでも減らすこと。

ノートの使い方によって不要な時間を削ることができれば、より重要な学習に時間を回すことができるからです。

「子どもたち、とりわけ受験生諸君。

自分主導のノートを思いっきり書き上げろ。

そうすれば今後の授業が、宿題が、そして過去問対策が、ワクワクしてくるはずだ。

それは本書を読んだからといって、また読んだお母さん、お父さんから聞いたからといって、突然ノートをうまく操れるわけではない。

大事なのは、今すぐ実践することだ」

と叫びたい！

そして最良のノート術を身につけて、勉強効率を飛躍的に上げていってほしいと思います。

最後に、このたびもこのような素晴らしい機会をくださった青春出版社の皆様、ありがとうございました。とくに、前作に続き、担当の野島純子さんにはまた多くのことをご指導いただきました。

理科の監修でアドバイスをくださいました尊敬する先輩、実際のノートを提供してくれた教え子たち、本当にありがとうございました。

そして、本書が書けたのは、これまで多くのノートや答案の指導を受けてくれた生徒たちのおかげだというのは、もちろん言うまでもありません。

州崎 真弘

著者紹介

州崎真弘　中学受験算数講師/数学講師、受験ディレクター、受験Lab代表。
大学在学中からプロ算数講師として活躍し、灘中合格者数連続日本一の実績を誇る「浜学園」では史上最速の１週間で講師に昇格し、初年度から本部教室の最高レベル特訓の担当に抜擢される。授業アンケートでは５クラス中４クラスでパーフェクト（生徒支持率100％）を獲得。その後、移籍した「馬渕教室」でも支持率１位をキープした。23年間で指導した生徒・学生は3800名を超え、灘中をはじめ多くの最難関中学に合格させている。現在、中学受験算数はもちろん、高校受験・大学受験の受験数学や国家公務員対策等の理数系講義の出講も行っている。著書に『たった５分の「前準備」で子どもの学力はぐんぐん伸びる！』（小社刊）などがある。

受験Lab　https://www.jukenlab.com/

ノートのとり方《かた》1つで子《こ》どもの学力《がくりょく》はどんどん伸《の》びる!

2019年９月30日　第１刷

著　者　州《す》崎《ざき》真《まさ》弘《ひろ》
発行者　小澤源太郎

責任編集　株式会社 プライム涌光
電話　編集部　03（3203）2850

発行所　株式会社 青春出版社
東京都新宿区若松町12番１号 〒162-0056
振替番号　00190-7-98602
電話　営業部　03（3207）1916

印刷　共同印刷　　製本　大口製本

万一、落丁、乱丁がありました節は、お取りかえします。

ISBN978-4-413-23134-3 C0037

付録

勉強のコツがひと目でわかる「ノートの書き方実況中継」

これから、算数の授業ノートと演習ノートの書き方、
理科の授業ノートの取り方を実例に基づいて公開します。

「板書」は先生が黒板に書いたこと、
「メモ」は先生の説明を聞いて、自分の言葉でポイントを書きとめたり、
考えて気づいたことをメモしている部分です。
（※実際のノートには、色ペンや蛍光ペンを使って意識的に色分けし、
ポイントが一目でわかるようにします）

復習するときに役に立つノートとはどういうものか、
ノートに何をどう書きとめればいいのか……。
次に紹介するノートを通して、ぜひ読み取ってください。

算数

問題1

X病院とY市役所を結ぶ道路があります。

この道路を、Aは徒歩でX病院からY市役所に向かい、BはAの出発の10分後に自転車でY市役所を出発してX病院に向かいました。

2人が出会った時点から、Aは25分後にY市役所に到着し、Bは8分後にX病院に到着しました。

2人が出会ったのは、BがY市役所から出発した時点から何分後でしょうか。ただし、2人の速度は常に一定とします。

授業ノートの書き方例

※宿題で解けなかった問題1の解説授業を生徒がノートにとった

生徒が宿題で書いた部分

[速さ(旅人算)]

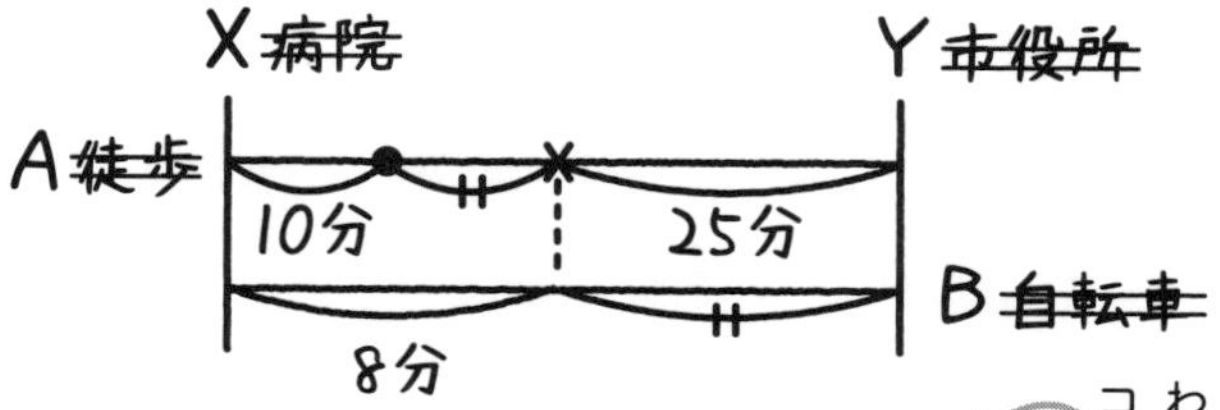

何がわからないかをコメント

図は何とかかけました。でも、
・「X—Yのキョリ」
・「2人の速さ」がわからないので解けなかった

〈解説〉 図はほぼ完ぺき。時間マークも入ってるし☺

不要な言葉は書かなくていい！
“病院・市役所”とか“徒歩・自転車”とか

速さの3要素→キョリ・速さ・時間のうち
こま切れの時間しかわかっていない。

メモ

キョリ＝速さ×時間の
公式しか使えない

メモ

板書

要素が1つしか
わからないときは、
比を使う!!!!

(キョリに注目すれば結構
あっさり終わる)

・キョリ→X－Y間？
・速さ→2人とも？
・時間→部分的に3ヶ所。

メモ

計算しやすいように勝手に設定

メモ

板書

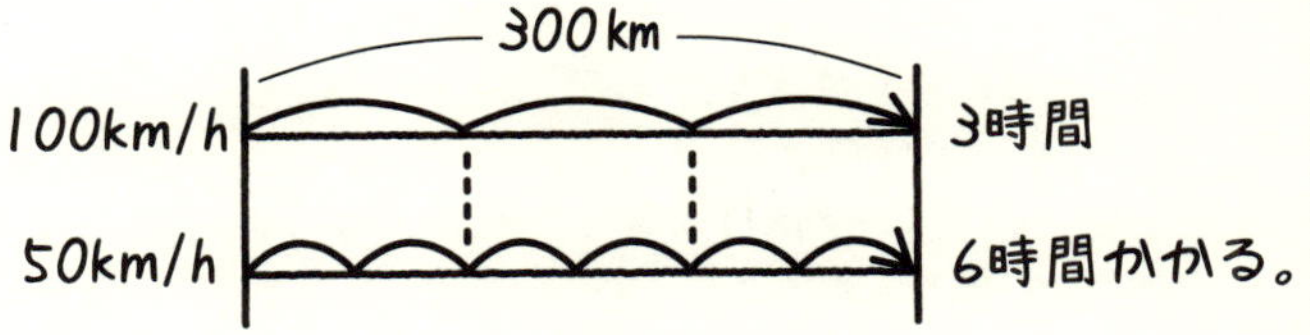

速さの比　100：50＝2：1

時間の比　3：6＝1：2

となって、なんと速さと時間の比が逆になる。

メモ

板書

キョリ一定（同じ）のときは、速さと時間は逆比

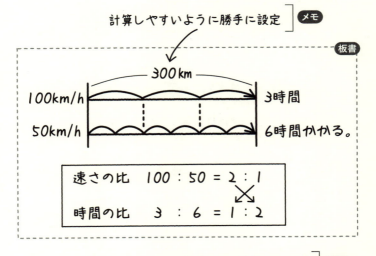

解答

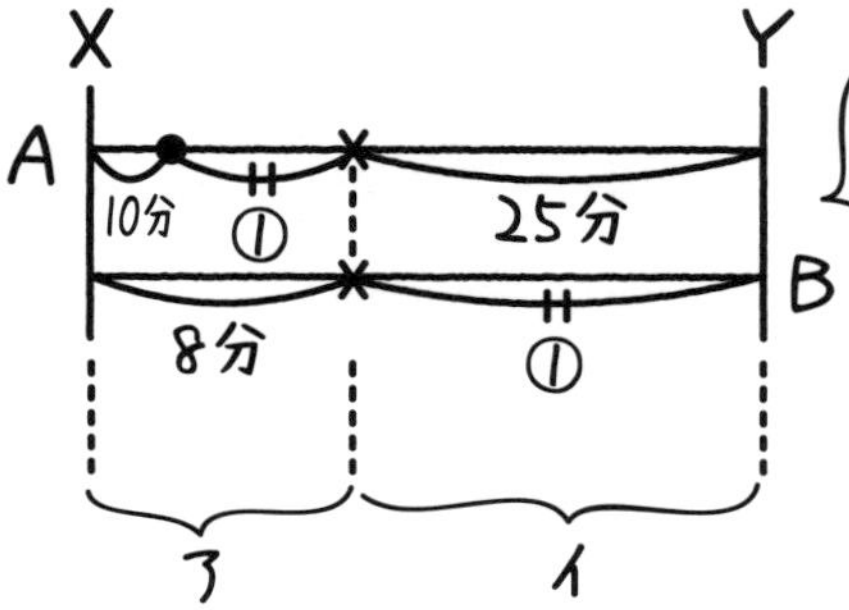

同じ時刻を示すマーク ●、× 〔メモ〕

		A	:	B
区間ア：時間の比＝		(10+①)	:	8
区間イ：時間の比＝		25	:	①

> 区間がどこであっても**時間の比は同じ。**

(10+①) : 8 = 25 : ①

〈比例式〉
内項の積＝外項の積 〔メモ〕

(10+①) × ① = 200

20 × 10

1×200
2×100
4×50
5×40
8×25
10×20

素因数分解
ペアにして書き出すともれがない。 〔メモ〕

答え 10(分後)

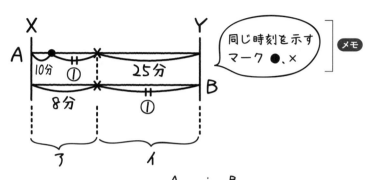

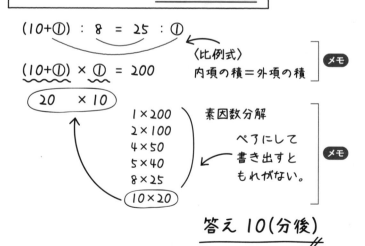

板書

補足　「2人の進んだキョリが同じ」場合、
ダイヤグラムでも処理できる

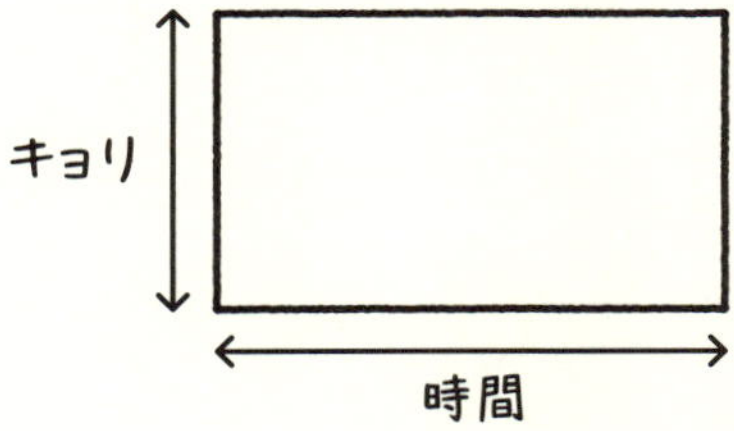

まず、
長方形をかく。

板書

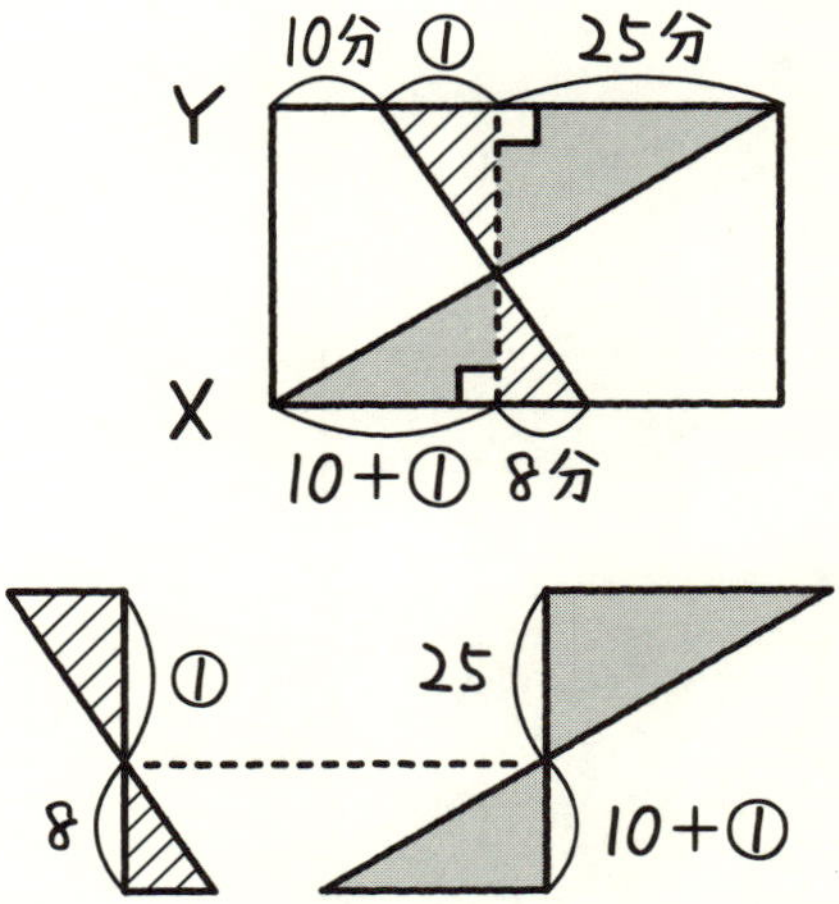

①：8＝25：(10＋①) となる。

速い方が
急な線になる。

あとは、
相似形を使って
解くだけ。

メモ

「ダイヤグラムから相似形」という流れの出題が
圧倒的に多い!!

ダイヤグラムが苦手な受験生がすごく多い、
今回のように別解として考える数を増やしてみる。

メモ

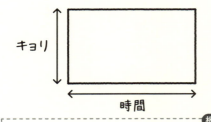

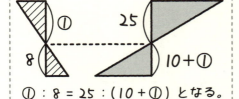

問題2

半径7cmの円周上に12等分する点をとります。

(1)図1のS1とS2の面積の和を求めなさい。

(2)図2のS3の面積を求めなさい。

ただし、円周率は$\frac{22}{7}$とします。

図1

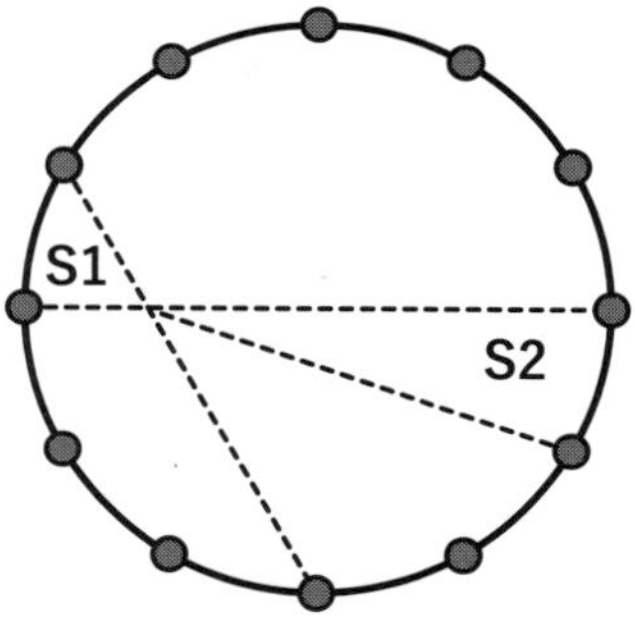

図2

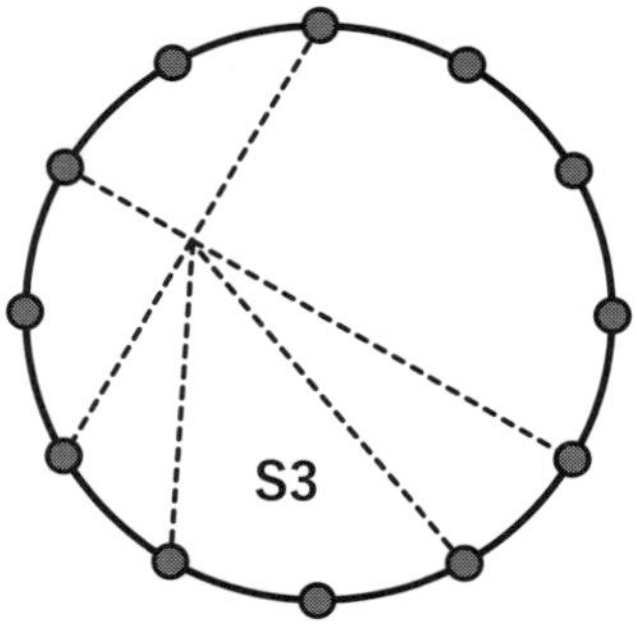

(神戸女学院中2018年度入試問題を改題)

演習ノートの書き方例

※生徒の演習ノートを
州崎がコメント、添削した

[図形(面積)]

(1)

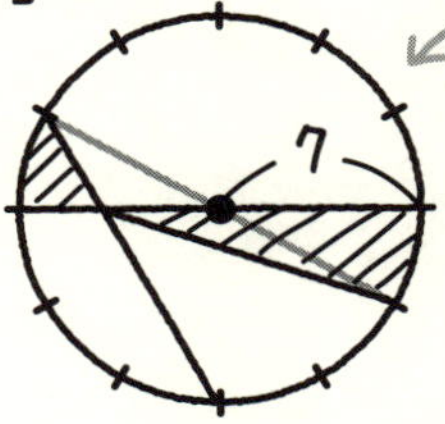

自分の手で
図をかき直していて
すばらしい。

すばらしい～～！
一発で

$$7\times7\times\frac{22}{7}\div6=25\frac{2}{3}\,(\text{cm}^2)$$

12等分のうちの2つ分だから
1/6と単純に考えていないかだけ確認しておくこと！

円の面積のポイント

円の中心(または半径)を命がけで探せー！

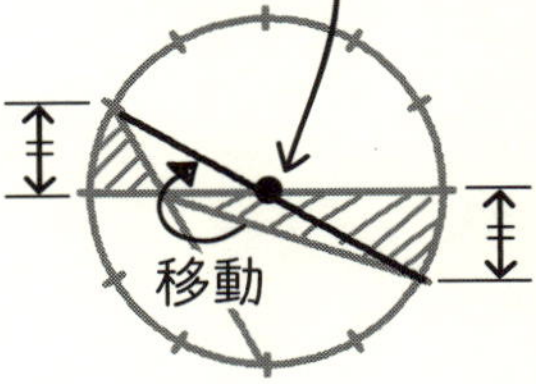

とにかく中心をマーク。
そして中心と円弧を結ぶ。

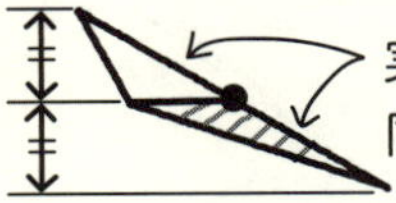

実は、この2つは
同じ面積。

底辺が同じで高さも同じだから。

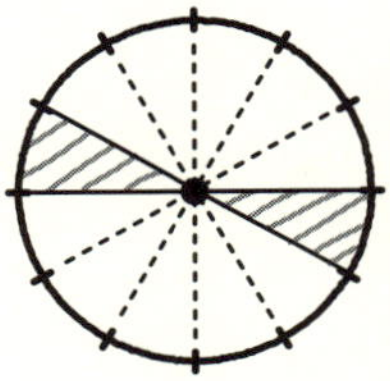

これで全体の$\frac{1}{6}$とわかる。
もちろん、$7\times7\times\frac{22}{7}\times\frac{60}{360}$
としてもいい。

補足

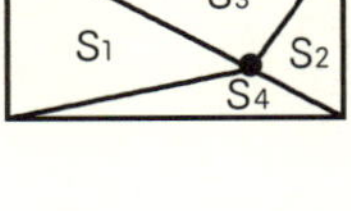

$S_1+S_2=S_3+S_4$

ともに長方形の$\frac{1}{2}$

(2)

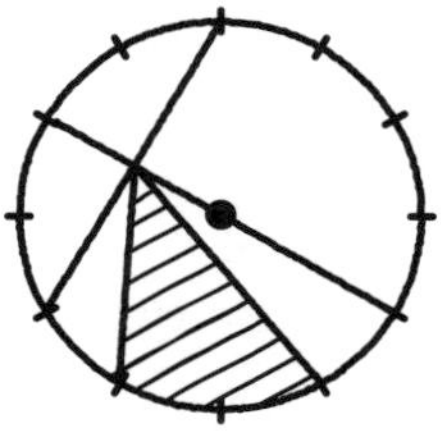

自分の手で
図をかき直していて
すばらしい〜。(2回目)

(1)と同じで $\frac{2}{12}=\frac{1}{6}$ なので ~~$25\frac{2}{3}$ (cm²)~~

コラ〜、横着するんじゃないよ!!!

おそらく…

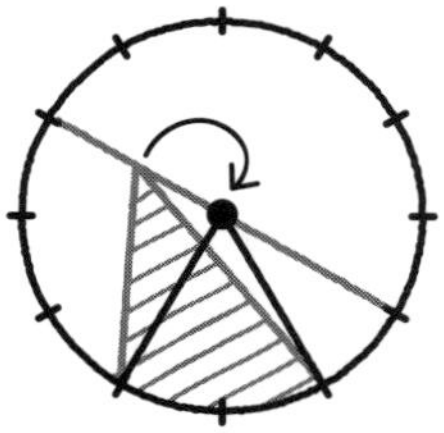

こう考えたんだろうけど…。

まあ発想は面白いが

ダメ!!

(1) でも書いたけど、円の面積の問題は
中心が超重要。

だから中心に点をもってきたのは大正解。
しかし、元の点は中心じゃないから、
面積が一定にはならないよ。

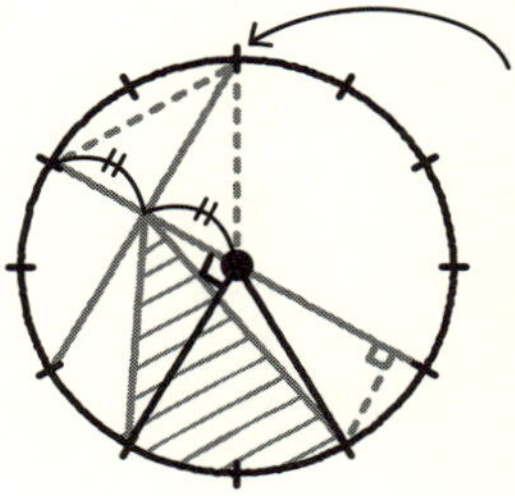

正三角形の半分

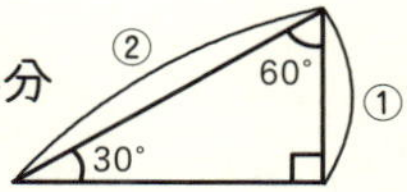

正確には
「中心に点をもってきた」ではなく
(1) でも書いた
中心と円弧を結ぶんです。

ここで、面積には大きく3つの考え方があると知っておこう！

すでに分けた。 → ○ ❶ 分割する

◎ ❷ わかりやすい（求めやすい）形からいらないものを消去

基本的に平行線がらみが多い。 → × ❸ 変形させる

→ ということで、❷を考える。

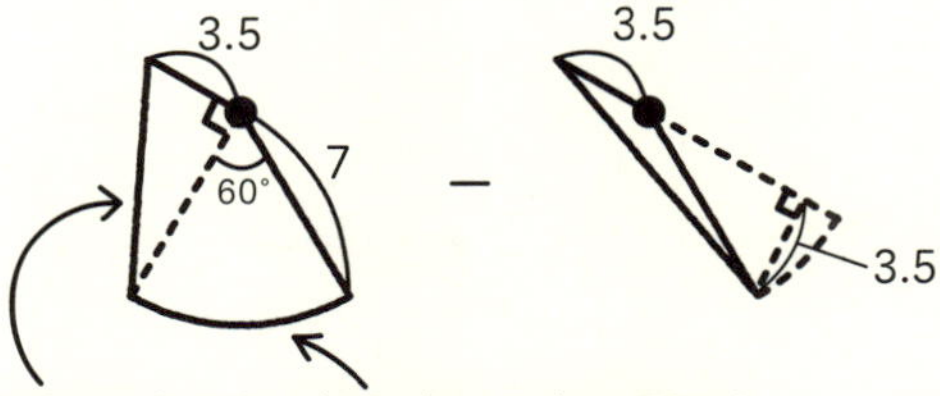

直角三角形＋中心角60度の扇形　求めやすい形

$$= (\overset{3.5}{\cancel{7}} \times 3.5 \div \cancel{2} + \cancel{7} \times 7 \times \frac{\overset{11}{\cancel{22}}}{\cancel{7}} \times \frac{1}{\underset{3}{\cancel{6}}}) - 3.5 \times 3.5 \div 2$$

$$= 3.5 \times 3.5 \div 2 + \frac{77}{3}$$

$$= 31\frac{19}{24}\ (\text{cm}^2)$$

重要なのでもう一度
円の面積は中心が命！

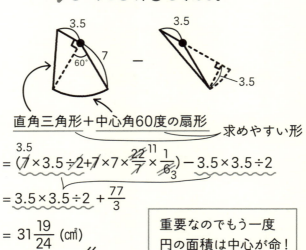

理科

問題1 （化学）

アルコールには燃料に用いられるものや、飲用・消毒用など、いろいろな種類のアルコールがあります。いま、種類の異なるアルコールAとBがあり、AとBのどちらのアルコールも燃やすと二酸化炭素と水だけができます。AとBのそれぞれ4gを燃やしたときにできる二酸化炭素と水の重さ、およびそのときに使われた酸素の重さを調べると、表1のようになりました。

次に、二酸化炭素、酸素、ちっ素について、それぞれの気体3L（リットル）の重さを調べると、表2のようになりました。

空気を、体積でちっ素が80%、酸素が20%の割合で混ざった気体と考えて、次の問いに答えなさい。

表1

	燃やした重さ(g)	二酸化炭素(g)	水(g)	酸素(g)
アルコールA	4	5.5	4.5	6
アルコールB	4	8.8	χ	9.6

表2

	二酸化炭素	酸素	ちっ素
気体3Lの重さ(g)	5.5	4	3.5

（1） 表1のχにあてはまる数を答えなさい。
（2） 4gのアルコールAを燃やすのに必要な量の酸素をふくむ空気の体積は何Lですか。
（3） 空気3Lの重さは何gですか。
（4） アルコールAとBの混合物4gを燃やすのに酸素8.52gが必要でした。この混合物4g中にアルコールAは何gふくまれていますか。
（5） 1gのアルコールBを20Lの空気を用いて燃やし、燃やしたあとの気体を乾燥剤に通して水分を除いたのち、集めました。集めた気体の体積は何Lになりますか。

（灘中2011年度入試問題を改題）

授業ノートの書き方例

※生徒の授業ノートを
州崎がチェックした

[気体の計算問題]　化学反応式と数量の単位は絶対だ！

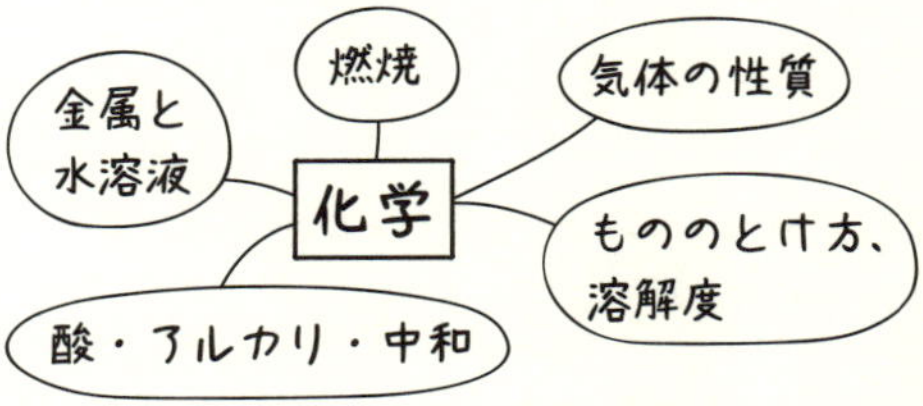

与えられた表だけでは
場合によっては、
大きなミスにも
つながるのでgood!!

表1では
見にくいので
順番を変えた

メモ

(1)

	酸素		二酸化炭素		水
A	4g +	6g	= 5.5g +	4.5g	
B	4g +	9.6g	= 8.8g +	x g	

質量保存

−0.8
+0.8

x = 4.8

(2)　酸素　空気
×1.5　4g → 6g
3ℓ → 4.5ℓ (20%)　×5 →　22.5(ℓ) (100%)
20%　80%
×5

単位と計算ミスだけ
気を付ける！

メモ

メモ

(3)
空気 3ℓ
80% → ちっ素 3.5g　3.5 × 0.8 = 2.8g
20% → 酸素 4g　4 × 0.2 = 0.8g
3.6(g)

注　単純に7.5gとしないこと!!

よくひっかからなかった。
大人でもカン違い
しそうな問題

メモ

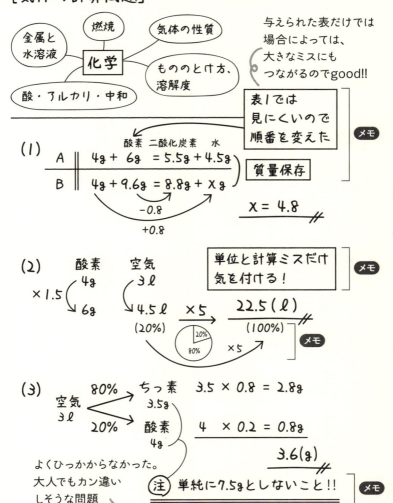

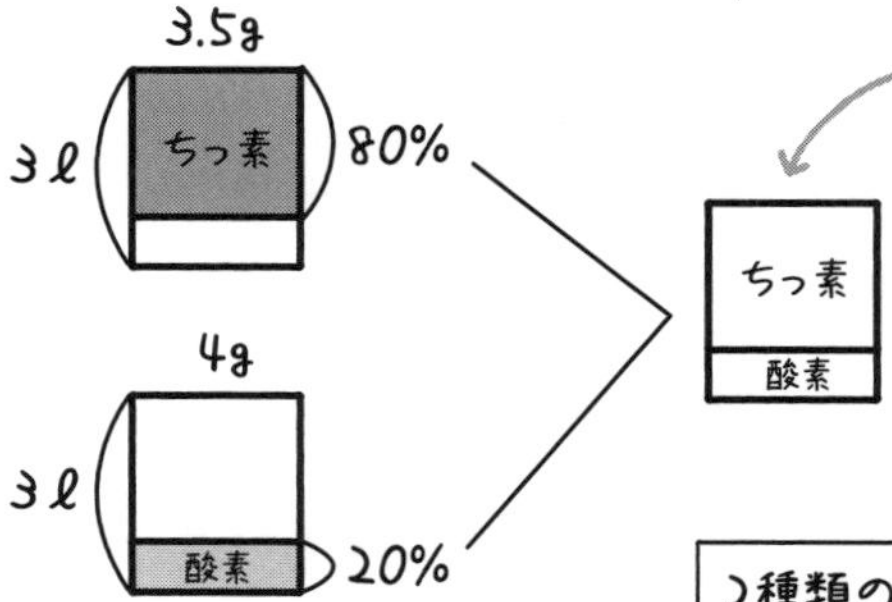

お～
わかりやすい

メモ

2種類の数の和が
この2つ
→つるかめ算

メモ

(4)

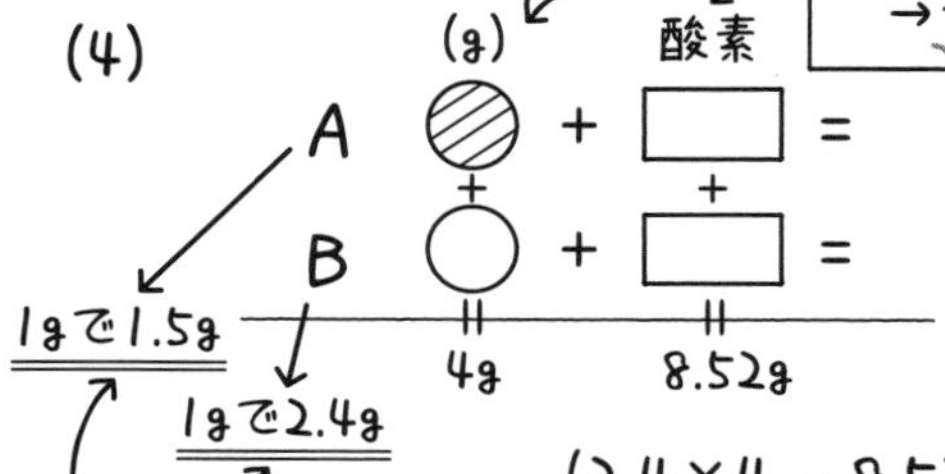

これに気づくには
算数の実力が必要。
他にも別解は
ありそうですね。

$(2.4 \times 4 - 8.52) \div 0.9 = 1.2(g)$

1.08

単位あたりの量にする。

good!!

Aを求めるからBにそろえる。

メモ

本番では他の問題と優先度を判断。

メモ

(5)

	B		酸素		二酸化炭素		水
÷4	4g	+	9.6g	=	8.8g	+	4.8g
	1g	+	2.4g	=	2.2g	+	1.2g

将来、
中高でも考える
重要ポイント。

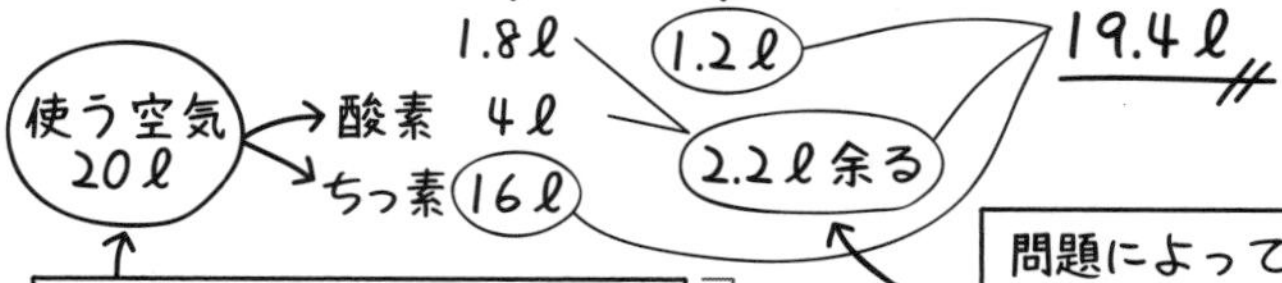

問題によっては
不足もありうる。

先に20ℓを考えずに
必要な割合をチェックする！

メモ

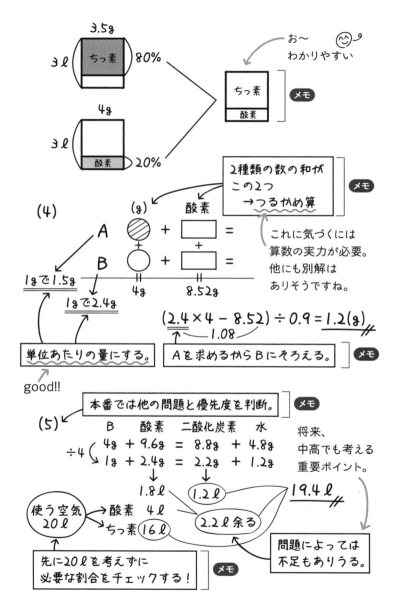

問題2 （物理）

図1のように、Aくんが栓《せん》を閉じて中に空気も何も入っていない注射器のピストンを引っ張ってみると、ピストンを動かすのにいくらかの力が必要でした。そこで、図2のように、注射器を机の上に固定し、栓を閉じて中に空気も何も入っていない状態のピストンにひもをつけて、おもりをつり下げてみると、1000gのおもりをつけたとき、ピストンが動きはじめました。Aくんはこの結果から、大気が1000gの力でピストンを常に横に押していると考えました。それを先生にたずねてみると、この考えが正しいことと、同じ場所では大気が一定の力で、上下左右に関係なく常に押していることを教えてくれました。

わざわざ教えてくれている。

図1

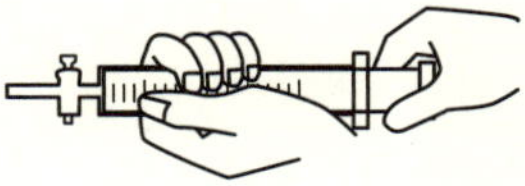

図2

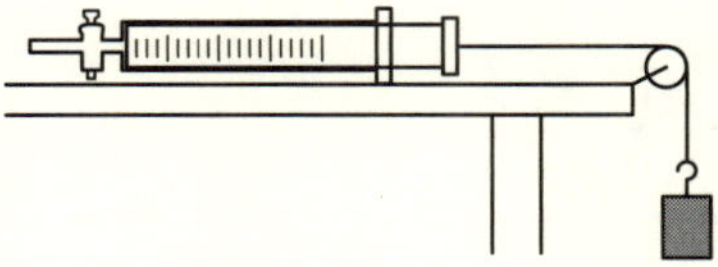

注射器の栓を開き、一定量の空気を注射器内に吸いこみ、栓を閉じました。図アのように、注射器を縦に持ち、ピストンにいろいろな重さのおもりをのせて、そのときの注射器内の空気部分の長さを測り、その結果を(A)にまとめました。使った注射器のピストンの重さは50gでした。

図ア

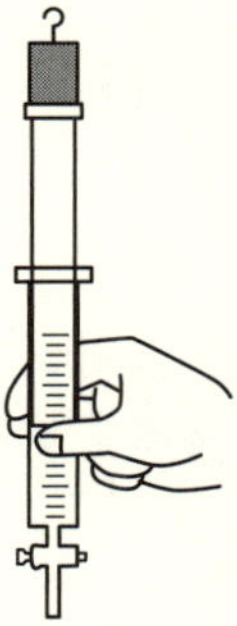

(A)

おもりの重さ(g)	150	200	450	550	②
空気部分の長さ(cm)	7.5	7.2	6.0	①	5.0

(1) (A)の①、②に適当な数値を答えなさい。

今度は、図イのように、この注射器を逆さに持ち、いろいろな重さのおもりをつり下げて、そのときの注射器内の空気部分の長さを測り、その結果を(B)にまとめました。

図イ

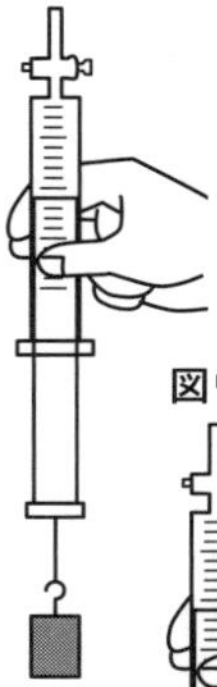

(B)

おもりの重さ(g)	50	200	350	450	④
空気部分の長さ(cm)	10	12	15	③	20

図ウ

(2) (B)の③、④に適当な数値を答えなさい。

(3) 図ウのように、この注射器を持って注射器の栓を開くとどうなりますか。

(甲陽学院中2017年度入試問題を改題)

授業ノートの書き方例

※生徒の授業ノートを州崎がチェックした

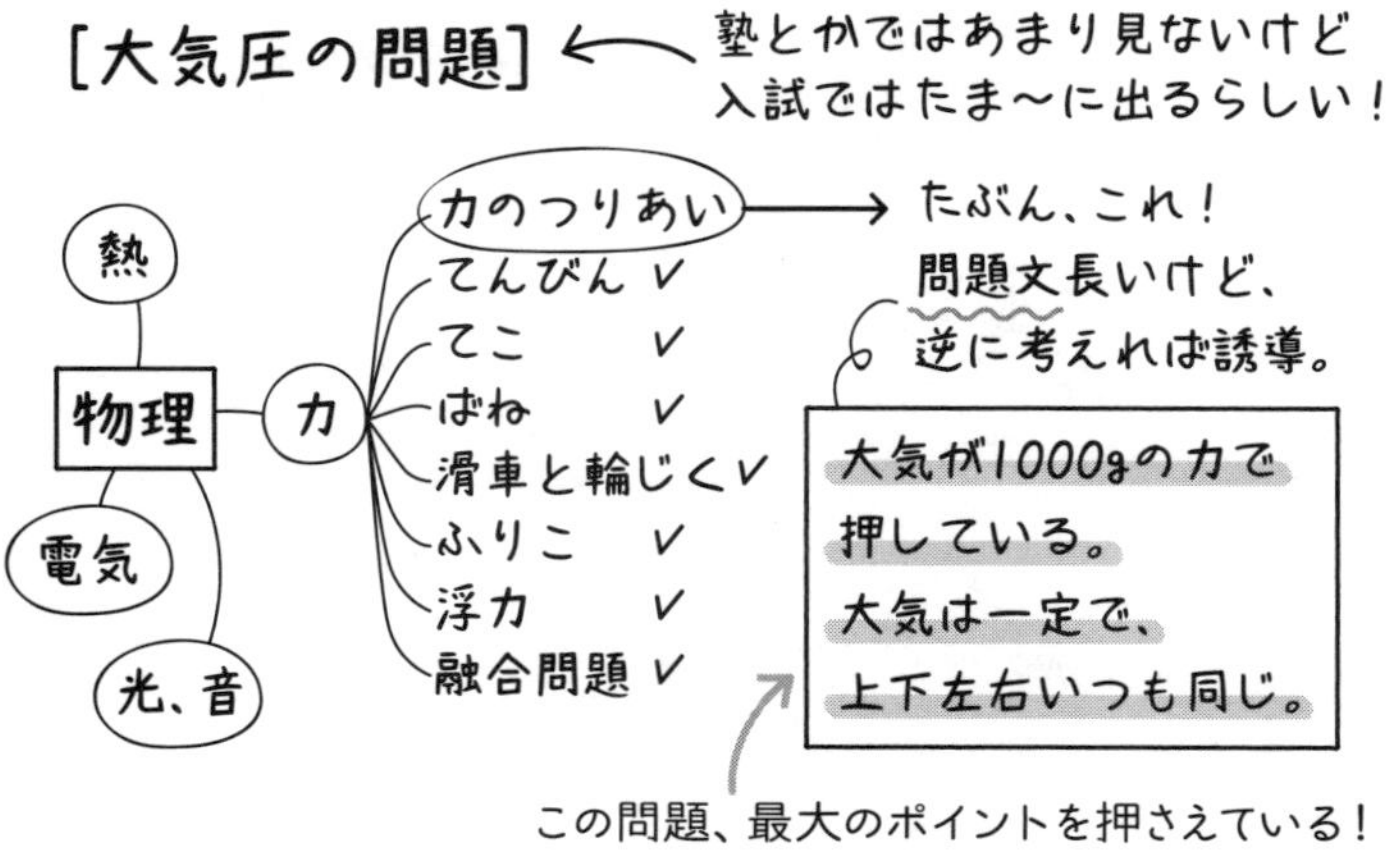

(1)

	↗200	↗250	↗500	↗600	
重さ(g)	150	200	450	550	②
長さ(cm)	7.5	7.2	6.0	①	5.0

比例でも反比例でもない。
ということは、このままでは
①、②は求めることができないのか〜。

重力と同じで見えない力を
見分けるポイントは
接している!

メモ

これまでの経験で
感じたことを
書き留めている。

ここで、
もう一度、表の規則?
→算数じゃないから、
そこまで
考えなくてもいいかな。

(g)と(cm)以外の関連性?
→"大気"の条件を
考えてみる。

1000g

「接している」
そうですね。
物は接している
部分から
力を受ける。
空気も同じです!

1000g

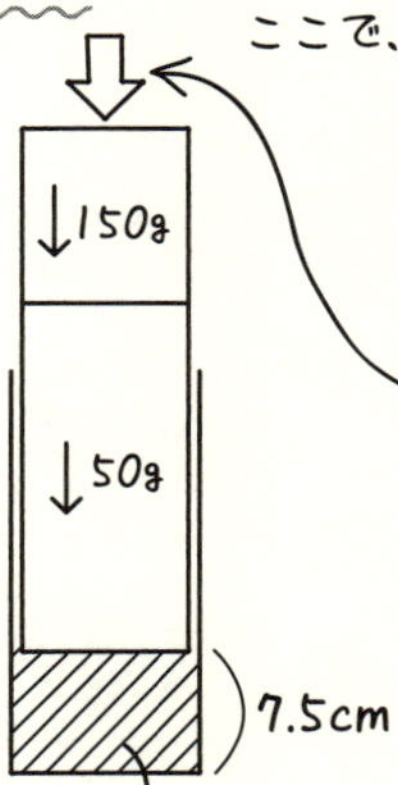

もしかして
1000gも加えるの?
⇓
表をかき直してみる

栓をしているから
空気の量が
変わらない

風船とかもそうだけど、
空気は外からの力に反発する
力を持っているはずだから…。

自分のイメージを
書いていてわかりやすい。

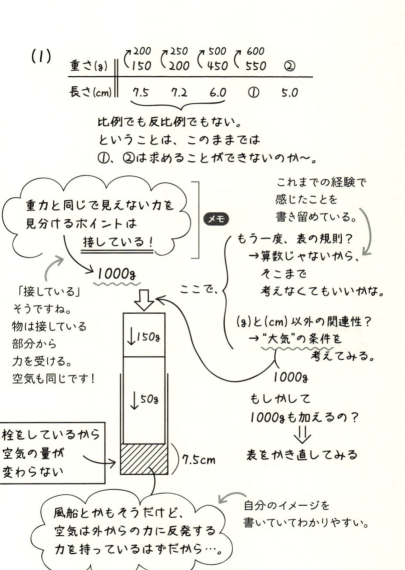

とくに自分の
志望校なら余分に
その予備知識は
必要やね。

書き直すひと手間が必要な場合があることを覚えておこう。

(g)	1200	1250	1500	1600	②
(cm)	7.5	7.2	6.0	①	5.0

1200 : 1500 = 4 : 5
7.5 : 6.0 = 5 : 4
逆比なので反比例

積が9000で一定 なので反比例！

どっちにしても、これでもう解ける〜。

これを使うと、 9000 ÷ 1600 = 5.625 答え①

9000 ÷ 5 = 1800 答え②

(2)

重さ(g)	50	200	350	450	④
長さ(cm)	10	12	15	③	20

(A)のことがあるから、(B)もこのままではダメかな？

出題者の意図を読んでいる。OK。

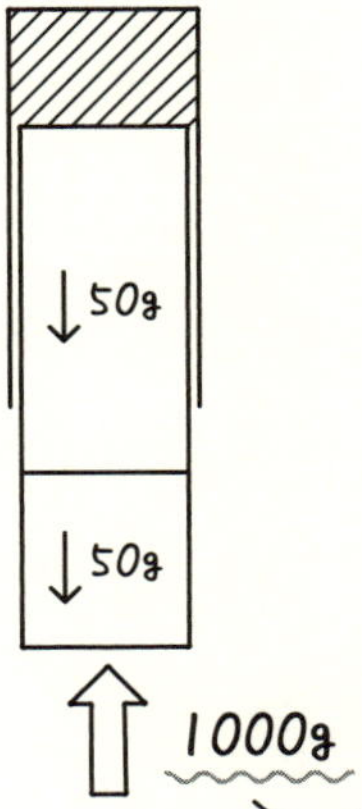

very good!
ふわ～っと考えていれば
ちょっと気づきにくいです。
少しでも?と思った疑問を流さずに
深堀りしていて文句なし

さっきは下向きの1000gだったのに
今回は上向きの1000g？
なんか都合よくないかい？

→たしか「上下左右いつも同じ」だった。

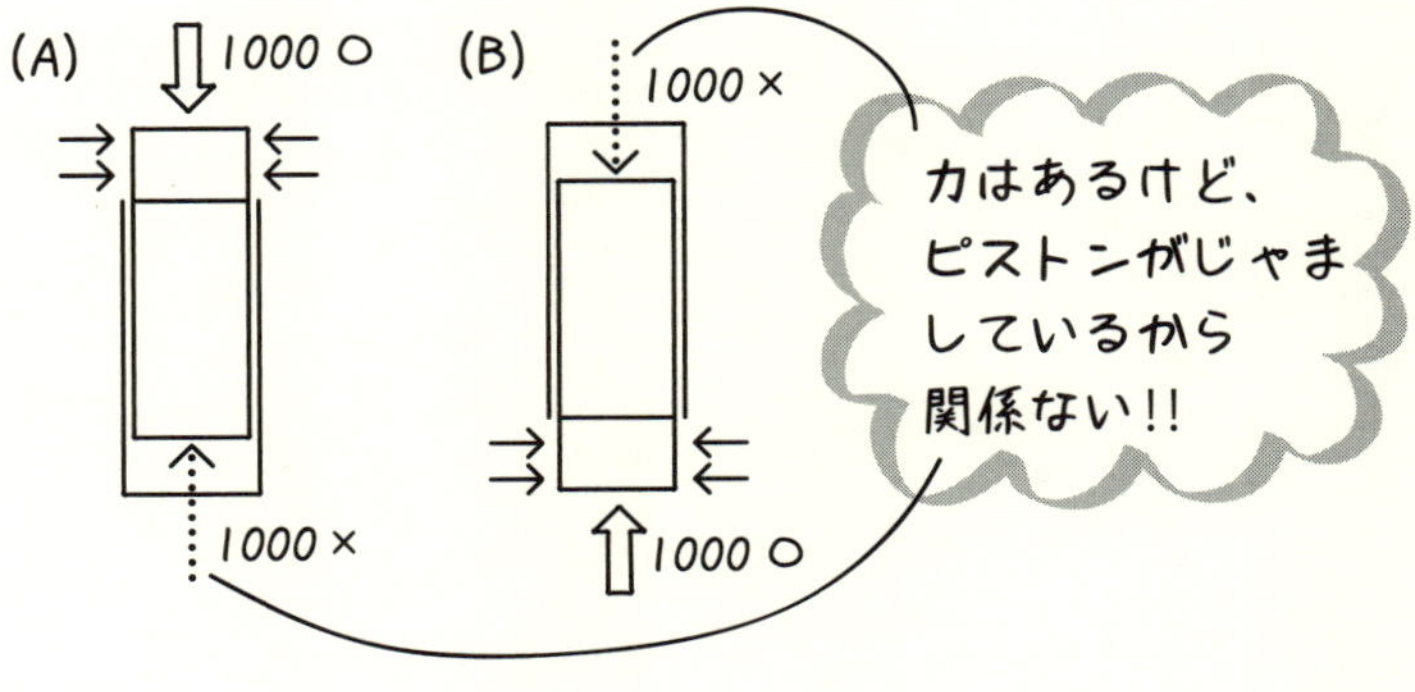

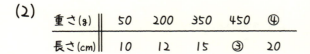

(g)	900	750	600	500	④
(cm)	10	12	15	③	20

これも(A)と同じく予想どおり反比例。

つまり 積が9000で一定 だ。

9000 ÷ 500 = 18 答え③

9000 ÷ 20 = 450 答え④

(3)

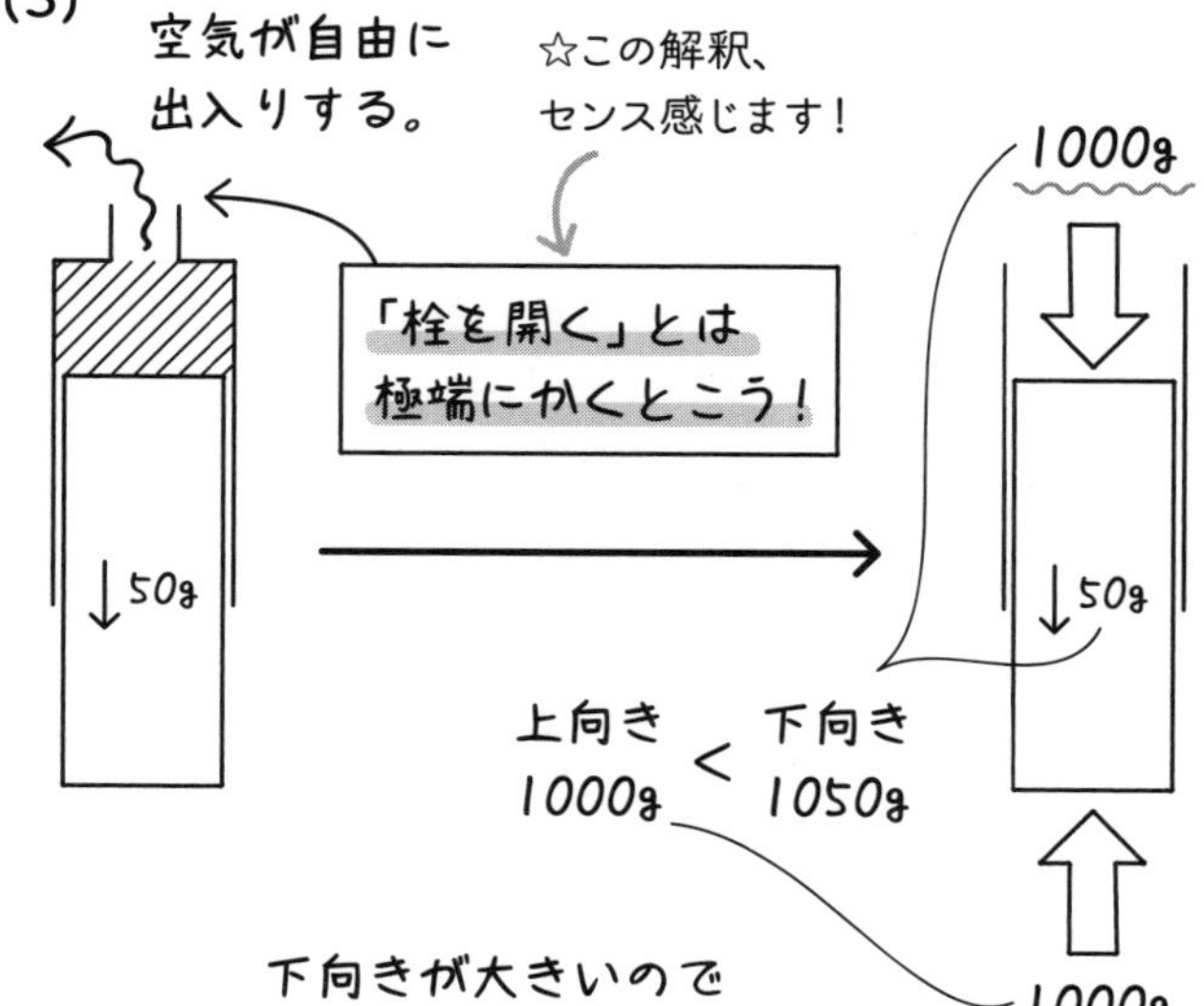

下向きが大きいので
そのまま落下してしまう